# すきま時間あそび107

阿部 恵／著

# はじめに

　保育のなかでポッとあいた時間や、活動の流れのなかでの待ち時間、休息を兼ねた少しの時間などを、この本では〝すきま時間〟と呼ぶことにします。この〝すきま〟の時間は、どうでもよいものでもなく、さりとて一つひとつにねらいを立てて遊ぶものでもありません。なんとなく何もせずに過ごすのではなく、くつろいで休息もとれるし、ちょっとした楽しみがあって、和気あいあいと遊べるあそび。これを『すきま時間あそび』と名づけました。

　例えば、散歩の途中、ひと休みしながら「お天気がいいね。気持ちのいい青空…。あれ？　あの雲、シュークリームみたいに見えるけど。みんなはどう？」という呼びかけに、「見える！」「先生見て、あの雲、なんかまるくて、ボールみたい」「あの雲、ケーキに見える！」などと、次々と想像あそびがはじまります。
　お泊り保育では、「スイーチョン、スイーチョン…」と聞こえるウマオイの鳴き声に、みんなで「シー」と言いながら聞き入ることも。
　山登りの帰り道、子どもたちが少し疲れた様子なので、口笛で『さんぽ』のメロディーを奏でると、「先生じょうず！」とほめてくれ、一緒に歌ってくれます。
　さらにおもしろいのは、わらべうたの『ほたる』のメロディで歌う

替えうたです。「♪あ、あ、あべせんせい　あべせんせいはちょういいこです　○○ぐみさんはふつうです…」と（わざと）皮肉っぽく歌っていると、子どもたちのなかから「どうして阿部先生だけ超いい子なの！　○○組さんもみんな超いい子だよ」と、教えてくれます。そこで、今度はみんなで「♪あ、あ、あべせんせい　あべせんせいはちょういいこです　○○ぐみさんもちょういいこです…」と、歌いながら帰ります。

　ちょっとした〝すきま時間〟がキラキラとした時間になります。
　こんなすばらしい世界で仕事を続けられる幸せを感じながら、本書をまとめました。

阿部　恵 

## CONTENTS

- はじめに　2
- すきま時間を有効に使えるステキな保育者になろう！　6
- 本書で紹介しているすきま時間あそび　12
- この本の使い方　16

## Part 1
## 手あそび歌あそび

- まねっこ手拍子／ポン！ポコ！ペン！　18
- いっぽんといっぽんでどんなおと　19
- あたま あたま かた　20
- おはなのすべりだい　21
- あたまてんてん　22
- ちゃちゃつぼ　23
- おさかなをやこう　24
- いっちゃんにいちゃんさんぽして　26
- とんがり山のてんぐさん　28
- おむすびつくろう　30
- おでん　32
- 八べえさんと十べえさん　34

## Part 2
## ハンカチあそび

- 「はーちゃん」ごあいさつ　40
- サンドイッチ　41
- まきずし　42
- ハハハハハ ハンカチ　43
- ねずみのチュウチュウあそび　44
- おとうさんねんね　46
- ハンカチジャンケン　48

## Part 3
## かんたん手品あそび

- くるくるかざぐるま　52
- お鼻がわらった！　54
- びっくりだ " わ "　56
- ふしぎな " わ "　58
- スカイタワー　60
- クリスマスツリー　62
- ひもぬき　64

## Part 4
## 絵かきうた

- うさぎさん　68
- カッパさん　69
- ピエロさん　70
- へのへのもへじ　71
- つるこちゃん　72
- パンダさん　73
- きつねさん　74
- ぞうさん　75
- バースディケーキ　76
- ショベルカー　78

## Part 5
## 絵カードあそび

| | |
|---|---|
| 絵カードの作り方 | 83 |
| ピコピコテレパシー | 84 |
| まほうのそうがんきょう | 86 |
| どっちにしようかな | 88 |
| プレゼント プレゼント | 90 |

## Part 6
## ことばあそび

| | |
|---|---|
| 「あ」のつくことばあつめ | 94 |
| 色のなかまあつめ | 95 |
| 形のなかまあつめ | 96 |
| 反対ことばあつめ | 97 |
| 顔の部位あつめ | 98 |
| 1文字ことばさがし | 99 |
| 名前しりとりあそび | 100 |

## Part 7
## クイズ

| | |
|---|---|
| でもでもクイズ | 102 |
| 園生活クイズ | 106 |
| 交通安全クイズ | 110 |
| 昔話スリーヒントクイズ | 113 |

## Part 8
## 休憩あそび

| | |
|---|---|
| おでこちゅくちゅく | 121 |
| いち に さん／かたつむり | 122 |
| なかよしさん | 123 |
| おなべふうらない | 124 |
| ゆびのかくれんぼ／このゆびうごく？ | 125 |
| こどもとこどもがけんかして | 126 |
| どんぐりころちゃん | 128 |
| おてんきジャンケン | 130 |

## Part 9
## 素話

| | |
|---|---|
| 素話のできる保育者になろう | 134 |
| すずめのひょうたん | 136 |
| どっこいしょだんご | 139 |
| かえるになったぼたもち | 142 |
| ねずみのすもう | 145 |
| さるとかに | 148 |
| ライオンとねずみ | 151 |
| いばりんぼの魚 | 154 |
| ころころパンケーキ | 157 |
| 3びきのくま | 160 |
| 赤ずきん | 163 |

### COLUMN

すきま時間に役立つ！ 保育のヒント
①絵本を楽しむ 36　②紙芝居は演じる 80　③折り紙で遊ぶ 118　④お手玉に親しむ 166

子どもたちの大好きなことば　38／50／66／92／132

# すきま時間を有効に使える
# ステキな保育者になろう！

## 1｜保育のなかの〝すきま時間〟とは？

### 保育中の〝ポッ〟とあく待ち時間や気分転換の時間

　生活や活動の流れのなかで〝ポッ〟とあいた時間や待ち時間、休息を兼ねた少しの時間…など、保育のなかのさまざまな〝すきま〟の時間。そんな時間に遊べるあそびを本書では『すきま時間あそび』と名づけました。

　保育は、小学校以上の学校のように、授業と休み時間がわかれているわけではありません。生活とあそび（活動）のなかからさまざまなことを学びます。

　子どもたちの大好きな「手あそび歌あそび」は、万能な『すきま時間あそび』といってよいでしょう。いつでもどこでも、どのタイミングでも遊べます。みんなが集まるまでの時間での「クイズ」あそび。水分補給の後に少し落ち着いた状態で聞く「素話」。また、雨であそびが限られたときに「絵かきうた」を紹介したら、「やりたい！」「教えて！」と言う子が続出することでしょう。

　このように保育のなかには、さまざまな〝すきま時間〟があります。本書では、そんなちょっとした時間にぴったりなあそびをたくさん紹介します。

## 2｜さまざまな〝すきま時間〟

登園・降園時

着替えの時間

手洗い・うがいの前後

集会の前

バスの中

お昼寝前後

昼食前後

散歩の途中

気分転換の時間

etc...

# 3 | 〝すきま時間〟を有効に活用しよう！

## 魅力的な保育者は〝すきま時間〟で楽しい保育を展開しています

　〝すきま時間〟は必ず全員で何かをしようというのではなく、リラックスして自由に過ごすことも、大切な使い方です。なぜなら、〝すきま時間〟では、子どもたちは自分なりの過ごし方をしているからです。そんなとき、保育者は個々の子にさり気ない声かけをしたり、保育者のところに来る子の対応をしたりすることもできます。

　小道具を作っておくと、重宝することもあります。例えば「手作りマイク」。
　外あそびから帰って、トイレに行ったり、手洗いをしたりするようなときには、少し時間がかかります。休憩を兼ねて早く済んだ子から、「今日、最初にインタビューするのは、○○ちゃん」と、指名してインタビューをします。「○○ちゃんの好きな色は何ですか？」「ピンクです」「どうしてですか？」「かわいいから」…。このように、何気ないことでも子どもたちは自分の番がくるのを心待ちにしてくれます。

　手あそびや歌あそびのレパートリーを広げておくことも大切です。

# すきま時間を有効に使える ステキな保育者になろう!

　手あそび歌あそびは、何よりも子どもたちが大好きで、くり返し遊べます。準備も何もいらずに、子どもたちと〝すきま時間〟を楽しむことができます。あそびは子どもたちから家庭にも伝わり、保護者の方から楽しい報告を聞くこともあります。

　魅力的な保育者は、〝すきま時間〟に子どもたちと心を通わせて、楽しい保育を展開しています。今からでも少しも遅くはありません。『すきま時間あそび』で、より楽しい保育を展開してください。

## 4｜『すきま時間あそび』のここがポイント！

### "ねがい"を込めてみましょう

"ねらい"でなく"ねがい"です。難しいことではなく、「こんなふうに、楽しんでほしいな…」といったことでよいのです。毎日のさまざまな『すきま時間あそび』に、少し"ねがい"を込めます。「正解したときの『♪ピンポン ピンポン！』に喜びを感じてもらおう」くらいの小さな"ねがい"です。保育者が意識していれば必ず伝わります。

### くり返し遊ぶようにしましょう

「手作りマイク」のように、インタビューする子を変えたり、質問を変えたりすれば、毎日遊べるものもあります。「今日も3人に好きなくだものを聞いてみましょう」などと、インタビューします。順番で全員に聞いていくことも毎回知らせます。「明日もインタビューがあります。誰のところにいくか、お楽しみに！」などと終わりましょう。

## すきま時間を有効に使える ステキな保育者になろう！

### 少しずつ工夫を加えてみましょう

どのあそびも、そのまま楽しめるものと、年齢やクラスの状況に合わせて工夫した方がよいあそびがあります。子どもたちは〝あそびの名人〟。遊んでいるうちにもっとよいアイデアが生まれるかもしれません。どんどん進化して、より楽しめるものになることを願っています。

### よいアイデアは書き留めておきましょう

〝すきま〟を埋めてくれるあそびですから、全部記録に残さなくてもよいのですが、次回にいきるよいアイデアや注意事項などがあったときには、かんたんに記録として残しておくとよいでしょう。小さなノートを用意して、『保育アイデアノート』として書き留めておくと、すばらしい財産になりますよ。

### 子どもたちの発言や反応を大切にしましょう

〝すきま時間〟のあそびでも、子どもたちとの会話や反応を大切にしましょう。あそびや活動に優劣はありません。ちょっとした場面でのひとことや反応が、その子の内面を見せてくれることも多くあります。さまざまな経験をすることは、子どもたちの成長や発達を助長してくれるものと確信しています。

## 本書で紹介している すきま時間あそび

保育のなかの〝すきま時間〟に遊べる
あそびを種類別にまとめて紹介しています。

### Part 1
### 手あそび歌あそび

座りながら歌って遊べる手あそびやリズムに合わせて体を動かすあそび、ゲーム性のあるあそびなど、そのときの状況に合わせ、さまざまな〝すきま時間〟に遊べるあそびを集めました。子どもたちと一緒にいろいろアレンジをしながら楽しんでください。

### Part 2
### ハンカチあそび

ハンカチで見立てあそびをしたり、当てっこあそびをしたり、乳児から年長児まで楽しめるあそびを紹介します。となえうたでサッと遊べるあそびは、ちょっとしたあき時間にぴったり。休憩を兼ねたゆったりとした時間に遊んでもよいでしょう。

## Part 3
# かんたん手品あそび

手品といっても大がかりなものではなく、身近な物を使い、ちょっとしたコツをおさえればかんたんにできるあそびを紹介します。子どもたちが「なんで!?」「すごい!」と驚くこと請け合いです。子どもたち同士でも楽しめます。

## Part 4
# 絵かきうた

紙、ホワイトボード、地面…など、かくところがあれば、いつでもどこでも遊ぶことができる絵かきうた。「へのへのもへじ」など、昔から受け継がれてきた伝承の絵かきうたと本書オリジナルの創作絵かきうたを紹介します。

## Part 5
## 絵カードあそび

B5大の絵カードを作り、楽しい歌に合わせて、〇×当てっこをしたり、右左どちらにほしいものが入っているかを選んだりするあそびです。手作り絵カードは、子どもたちの興味に合わせて作れるのが魅力。あそびが広がります。

## Part 6
## ことばあそび

色や形のなかまあつめ、ことばあつめ、しりとりなど、ことばあそびは、いつでもはじめられて、待ち時間などに「みんなそろったので続きはまた今度ね」と、どのタイミングでも終えられるあそびです。ことばに興味を持つきっかけにもなります。

## Part 7
## クイズ

「パンはパンでも～」といったクイズの定番「でもでもクイズ」、園生活でなじみのあるものをクイズにした「園生活クイズ」、よく知っている昔話を「スリーヒント」で当てるクイズなど、楽しいクイズが盛りだくさんです。

（本書で紹介している）
**すきま時間あそび**

## Part 8
# 休憩あそび

休憩を兼ねた、ゆったり過ごす時間や活動と活動の間など、さまざまなシーンで使える指あそびやふれあいあそび、友だちとのうらないごっこ、みんなで遊べるジャンケンあそびなど。場面に応じて遊んでください。

## Part 9
# 素話

素話（すばなし）は、物語を丸暗記するのではなく、あらすじを頭に入れ、対象者に合わせて肉づけしながら語ります。本書では日本と世界で親しまれている定番昔話を、間や声色などのポイントをまじえ、子どもに語りやすいように組み立てて紹介しています。

# この本の使い方

### 対象年齢の目安

あそびによって表示しています。年齢はあくまでも目安です。子どもに合わせて遊んでください。

### ポイント

より楽しく遊ぶためのポイントやアレンジ、また子どもたちへの声かけ例などを紹介。

### あそび方

手や体の動かし方をイラストで表示。

### 楽譜・リズム譜

歌がつくあそびは、楽譜やリズム譜を掲載。覚えやすいものばかりなので、かんたんに遊べます。

### 「となえうた」とは？

紹介しているあそびのなかには、となえうたのように歌って遊ぶものもあります。となえうたとは、昔から伝わる伝承あそびでとなえるように歌ってきたもの。本書で「となえうたで遊ぶ」とあるものは、自由に拍子をとって歌いましょう。

### 子どもたちの大好きなことば

「じょうず！」「先生うれしいな…」「がんばってるね」など、子どもたちが言われてうれしいフレーズとことばかけのポイントを紹介。子どもたちは、ほめられることが大好き。目立たなくても努力していること、友だちに親切にしている姿などを認めてあげましょう。保護者の前でもう一度くり返してあげたら最高です。

# Part 1
# 手あそび 歌あそび

いつでもどこでも遊べるのが魅力。保育者の表情が子どもたちに見えるように胸の前あたりに手を置いて遊びましょう。0・1歳児には、保育者があそびを見せてあげても楽しいでしょう。

# まねっこ手拍子

保育者の手拍子をそのまま子どもたちがまねてくり返します。
単純ですが、1〜2歳児は喜んで遊びます。
いろいろ変化をつけてみましょう。

パン

パーン

**例**
・パン
・パン パン パン
・パーン パーン パンパンパン
・パン パパン パン パパン

 慣れてきたら「三三七拍子」や「三本締め」「一本締め」などでも遊べます。

# ポン！ポコ！ペン！

2人組で遊ぶゲームです。互いのグーを交互に重ねます。
● 保育者が「ポン！」と言ったら、一番下の人が一番上にグーを重ねます。
●「ポコ！」と言ったら、一番上の人が一番下にグーをつけます。
● どこかで「ペン！」と言ったら、一番下の人がパーで思いきり上のグーをたたこうとします。上の人はたたかれないようにすばやく手を引っ込めます。

Part 1 手あそび歌あそび

# いっぽんといっぽんで どんなおと

となえうたに合わせて、指を打ち鳴らします。

**1** いっぽんと いっぽんで

1本指を右、左と順番に出す。

**2** どんなおと

指を左右に振る。

**3** こんなおと トントントントントン

指と指をたたく準備をして、「トン〜」で打ち鳴らす。

★「にほん」〜「ごほん」まで同じように行います。

 徐々に打ち鳴らす音が大きくなります。
最後の「ごほん」では盛大な拍手に!

# あたま あたま かた

2歳〜

保育者のとなえた体の部位をさわります。

### 1 あたま あたま

両手で頭をリズミカルにさわる。

### 2 かた

両手をすばやく肩に移す。

### 3 かた かた

両手で肩をリズミカルにさわる。

### 4 ひざ

膝をさわる。

### 5 ひざ ひざ

両手で膝をリズミカルにさわる。

### 6 おへそ

おへそをさわる。

 **ポイント** テンポに変化をつけたり、さわる体の部位をいろいろ変えたりしながら、リズミカルに楽しく遊びましょう。

Part1 手あそび歌あそび

# おはなのすべりだい

2人組で遊ぶ、ふれあいあそびです。
ジャンケンをして勝った人が行います。

**1 おはなのすべりだい
ありさんがすべった**

勝った人は負けた人のおでこに人さし指をあて、リズムに合わせて、軽くトントンふれる。

**2 ヒュ――――**

人さし指を鼻すじにそって滑らせてジャンプさせる。

**3 ストン**

体の適当な位置に人さし指をつける。

**4 コチョコチョ**

人さし指をつけた部分をくすぐる。

★0～2歳児には、保育者がやってあげるとよいですね。

 「ヒュー」の部分を適当にのばして遊ぶと楽しいでしょう。
保育者がやってあげる場合は表情豊かにすることが大切です。

### おはなのすべりだい　作詞・作曲：阿部 恵

# あたまてんてん

**1歳〜**

いつでもどこでも遊べる、ゆかいで楽しいあそびです。
「てんてん」「たんたん」、いろいろな音を表現して楽しみましょう。

### 1 あたま てんてん

「てんてん」で頭を軽く2回たたく。

### 2 かた たんたん

「たんたん」で肩を軽く2回たたく。

### 3 おてて しゃんしゃん

「しゃんしゃん」で拍手を2回する。

### 4 あし とんとん

足踏みをする。

### 5 あたま てててん かた たたたん おてて しゃしゃしゃん あし とととん

1〜3の動作を各3回に変えて行い、最後に足踏みをする。

 **ポイント**
体の部位を変えて遊んでみましょう。
・おでこ→でんでん　・ぽっぺ→ぺんぺん
・おしり→ぷりぷり　・おなか→ぽんぽん

## あたまてんてん　作詞：阿部 恵　作曲：家入 脩

Part1 手あそび歌あそび

# ちゃちゃつぼ

ふたのない茶つぼに、ふたができたら成功です。

 少し難しいあそびです。最初はゆっくり、慣れたら軽快に遊びましょう。

**1 ちゃ**

左手を握り（茶つぼ）、
右手のひらを上におく（ふた）。

**2 ちゃ**

右手を左手の下にそえる
（茶つぼの底）。

**3 つ**

右手を握り、左手のひらを上におく。

**4 ぼ**

左手を右手の下にそえる。

ちゃちゃつぼ　わらべうた　　★休符で休みながら1〜4をくり返す。

23

# おさかなをやこう

いすに座り、両手を両ももや机の上で
リズミカルに動かして遊びます。

**ポイント**　「おさかな」の部分をサンマやタイなど魚の名前にして、順番に焼いてみましょう。

## 1 おさかなを やこう

手のひらを下に向けて、
両ももを軽く4回たたく。

## 2 かえして やこう

手のひらを上に向けて、同様
に両ももを軽く4回たたく。

## 3 あたまを やこう

手のひらを下に向け、
右にずらし、4回たたく。

## 4 かえして やこう

3の位置で手のひらを上に
向けて、4回たたく。

## おさかなをやこう　　わらべうた　補作：阿部 恵

おさかなをやこう　かえしてやこう　あたまをやこう　かえしてやこう
しっぽをやこう　かえしてやこう　おしょうゆつけて　むしゃむしゃむしゃ

### 5 しっぽを やこう

手のひらを下に向け、両手を左にずらし、4回たたく。

### 6 かえして やこう

5 の位置で手のひらを上に向けて、4回たたく。

### 7 おしょうゆ つけて

右手で左手にしょうゆをつけるまねをする。

### 8 むしゃ むしゃ むしゃ

食べるまねをする。

# いっちゃんにいちゃん
# さんぽして

自然に「こんにちは」とあいさつができるあそびです。
かんたんに楽しめるので、1～2歳児の子どもも大喜びです。

 テンポよく軽快に歌って動作をしましょう。
朝は「おはようございます」で遊んでもいいでしょう。

## 1 いっちゃん

右手の人さし指を出す。

## 2 いろいろ さんぽして

右手の人さし指でリズミカルに
左の手のひらから肩までのぼる。

## 3 ぶたさんに あったら

人さし指で鼻を押し上げる。

## 4 こんにちは

頭をさげて元気よくあいさつする。

# いっちゃんにいちゃんさんぽして　作詞・作曲：阿部 恵

1. いっちゃん いろいろ さんぽして　ぶたさんに あったら こんにちは
2. にいちゃん にこにこ さんぽして　かにさんに あったら こんにちは
3. さんちゃん さっさと さんぽして　さるさんに あったら こんにちは
4. しーちゃん しずかに さんぽして　たこさんに あったら こんにちは
5. ごーちゃん ごろごろ さんぽして　おばけに あったら そらにげろ

★2番以降は2本指〜5本指を出し、1・2・4を同様に行います。
　3は下のように変化させます。

**2番** かにさんにあったら

両手の2本指を出し、左右にふる。

**3番** さるさんにあったら

両手の3本指を出し、頭とおなかに左右交互につける。

**4番** たこさんにあったら

口をとがらせながら、両手の4本指をタコの足に見立て、体の前でゆらす。

**5番** おばけにあったら

両手の5本指を体の前にたらす。

そらにげろ

好きなところへ逃げまわる。

# とんがり山のてんぐさん

全身を使うので、解放感が味わえるあそびです。「とんがり山に、鼻の高いてんぐさんが住んでいましたよ。お山の上から『何かおもしろいことはないかなー』と、下を見渡していると、大きな池の中からカッパの親子が『ばあ！』と顔を出したんだって」などと話をしてから遊んでもいいですね。

## 1 とんがりやまの

両手で山を作り、軽く上下させる。

## 2 てんぐさんが

両手をグーにして重ね、鼻につける。

## 3 うちわを もって

右手でうちわを
あおぐまねをする。

## 4 みわたせば

右手をひたいにかざして、
左から右を見渡す。

# とんがり山のてんぐさん　作詞:阿部 恵　作曲:家入 脩

## 5 スイ スイ スイ スイ

平泳ぎの動作で自由に泳ぐまねをする。

 5の泳ぐところは、クロール、バタフライ、背泳ぎ、いぬかきなど、変化をつけると楽しいでしょう。

## 6 かっぱの おやこが

右手でカッパの頭のおさらをなでるまねをする。

## 7 かおだした ばあ

「いない いない ばあ」をする。

# おむすびつくろう

2歳〜

子どもたちが大好きなおむすびを作りましょう。
みんなでいろいろな具を考えて、できあがったら食べてみましょう。

**1 ほかほかの ごはんをたいて**

手をフワフワ動かして、ゆげが出ている様子を表す。

**2 ほかほかの おむすびつくろ**

おむすびを握る動作。

**3 ほかほかの ごはんは**

1と同じ。

**4 あつい**

耳たぶをつかむ。

**5 ころころ ころがすな**

かいぐりをする。

**6 うめぼし いれて**

左手のひらに右手の人さし指で梅ぼしを入れる動作。

**7 にぎって**

2と同じ。

**8 しおをかけて**

左手のひらに右手で塩をかける動作。

**9 にぎって**

2と同じ。

Part 1 手あそび歌あそび

## おむすびつくろう　作詞：阿部 恵　作曲：家入 脩

たのしく
ほかほかのごはんを たいて ほかほかのおむすび つくろ
ほかほかのごはんは あつい ころころころがす な
うめぼしいれて に－ぎって しおをかけて に－ぎって のりをまいて
に－ぎって い－ちにの さ－んで めしあがれ

### 10 のりをまいて

左手を握り、右手を上から下側に半回転させる。

### 11 にぎって

2と同じ。

### 12 いち にの さんで

ギュッギュッギュッと形を整える動作。

### 13 めしあが

4回拍手をする。

### 14 れ

手のひらを上に向けて両手を前に出す。

# おでん

リズミカルに楽しくおいしいおでんを作りましょう。
おでんの季節にぴったり！

**2歳〜**

## 1 ちいさなおでんを つくります

小さな拍手をする。

## 2 トントントン

左手をまな板、右手を
包丁にして、切る動作。

## 3 まんまるは

両手で輪を作る。

## 4 だいこんさん

手のひらのまな板から
鍋の中に落とす動作。

## 5 トントントン

2と同じ。

## 6 さんかくは

両手で三角を作る。

## 7 ハンペンさん

4と同じ。

## 8 トントントン

2と同じ。

## 9 しかくは

両手で四角を作る。

## 10 こんにゃくさん

4と同じ。

## 11 トントントンと

2と同じ。

Part1 手あそび歌あそび

## おでん　作詞：阿部 恵　作曲：家入 脩

## 12 グツグツにれば

両手のひらを上にし、握ったり開いたりする。

## 13 トントントンと

2と同じ。

## 14 できあがり

両手を開いて、顔の前で小さな輪をえがく。

## 15 モグ！

小さく食べるまねをする。

★2番では1で中くらいの拍手をし、4でひじからはらい落す動作、3番では大きな拍手をし、肩からはらい落す動作をします。その他の動作も2番、3番と大きくしていきます。

# 八べえさんと十べえさん 3歳〜

一人二役のゆかいなあそびです。
漢字の「八」と「十」の字を伝えてから遊びましょう。

**1** はちべえさんと

両手の人さし指で
「八」の字を作る。

**2** じゅうべえさんが

両手の人さし指で
「十」の字を作る。

**3** けんかして

左右の人さし指を
互い違いに交差させる。

**4** おってけ にげてけ

左手の人さし指を折り曲げ、
上下させて右手を追う。

**5** おってけ にげてけ

4 の逆で、追う方と
逃げる方の手を変える。

**6** おってけ にげてけ
4 と同じ。

**7** おってけ にげてけ
5 と同じ。

## 八べえさんと十べえさん　わらべうた

はちべえ さんと じゅうべえ さんが けんかして ー
おっ てけ にげてけ おっ てけ にげてけ おっ てけ にげてけ おっ てけ
にげてけ いどのなかに どぼんとはいり ちょっと かおを
だしたら ピンと たたかれた おいててて おいててて

### 8 いどの なかに

左手の親指と人さし指で輪を作る。

### 9 どぼんと はいり

左手で作った輪の中に右手の人さし指を上から入れる。

### 10 ちょっとかおを だしたら

右手の人さし指を下から入れる。

### 11 ピンと たたかれた

右手で左手の輪をたたく。

### 12 おいててて おいててて

大きな動作で「痛い」表現を自由に行う。

# すきま時間に役立つ！保育のヒント①

　子どもたちの毎日の生活に、絵本は欠かせません。保育者が子どもたちのために絵本を選んで、読み聞かせをしてあげることはとても有意義なこと。〝すきま時間〟にも最適です。

　そこに、もうひとつ。子どもたちの登園時から朝の会くらいまでの時間を意識して、子どもたちが興味を持ちそうな絵本を選び、保育室の一角に見やすい形で置いてあげてみてはどうでしょう。おおげさなことではなく、普段使っている保育室の幼児用の机を1脚でも、2脚でもよいので絵本のテーブルにします。もちろん、じゅうたんの上でもよいでしょう。

# 絵本を楽しむ

　子ども一人ひとりの興味や、季節感、保育者の願いなど、さまざまなことを考慮し、翌日の登園風景をイメージしながら用意します。月刊保育絵本（お話絵本・総合絵本・科学絵本など）を採用している園は、過年度の月刊絵本が残っていることも多いと思います。月刊誌ですから、1年前でも2年前のものでも、大いに活用したいものです。

　表紙が見えるように机の上に置きますが、図鑑や月刊の総合絵本・科学絵本などは、〝子どもたちが興味を持ちそうな魅力的なページ〟だなと保育者が感じたら、そのページを開いて置いてもよいでしょう。子どもたちの興味や関心を喚起するきっかけにもなります。

## 子どもたちの大好きなことば①

子どもたちは、ほめられることが大好き。「先生、見て!」子どもたちからのこんな呼びかけには、「わぁ、じょうず!」と第一声を。その後、具体的な部分をほめましょう。

## じょうず!

その子なりに何かがうまくできたときに、認めてあげることばです。

### こんなときに
- 製作や運動などを見ていて。
- 生活のなかで何かがうまくできたとき。

まず「じょうず!」の第一声を。次に、どこが、どのようにじょうずか、心を込めてほめてあげます。

## やったね!

子どもたちの達成感をいっそう増幅させてくれることばです。

### こんなときに
- あそびや運動ができるようになって。
- 折り紙や製作物が完成して。

「やったね! ○○ちゃんががんばって練習したからだね。おうちの人にもお話ししてね」と、家庭にも喜びの輪を広げましょう。

# Part 2
# ハンカチあそび

ポケットから取り出したハンカチ1枚で、楽しく遊ぶことができます。いろいろな種類のカラフルなハンカチを集めておいて、楽しい会話をしながら進めましょう。

# 「はーちゃん」ごあいさつ

となえうたで遊びます。ハンカチあそびをはじめる前や
集まりの前などに最適です。

**1** わたしは ハンカチ
はーちゃんよ

ハンカチを広げて見せる。

**2** はーちゃんの まんなかに
ひとさしゆびを いれて

左手の人さし指を
ハンカチの中心に入れる。

**3** つまんで

右手で先をつまみ、
左手を出す。

**4** しゅ——

右手でハンカチを
つかんだまま、
左手でハンカチを
つかみ、下に
しごいて途中で
とめる。

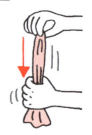

**5** ○○ぐみさんに
ごあいさつ

しっかり左手でにぎる。

**6** 「○○ぐみさん
こんにちは」

親指を前にたおし、「は」で元に戻す。

# サンドイッチ

2歳〜

カラフルなハンカチをいくつか用意して、
となえうたに合わせてサンドイッチを作ります。

**1** サンドイッチを つくりましょう

ハンカチを広げて見せる。

**2** はんぶんに おって

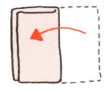

ハンカチを半分に折る。

**3** もひとつ おって

さらに半分に折る。

**4** もひとつ おったら サンドイッチの できあがり

さらに長方形に折ったり、
三角に折ったりする。

**5** 「いただきます！ パクパクパク！」

食べるまねをする。

 友だちと交換して食べる まねをして遊んでもいい ですね。

# まきずし

3歳〜

いろいろな色や柄のハンカチを用意すると楽しめます。
となえうたで遊びましょう。

**1 まきずしを つくりましょう**

ハンカチを三角に折る。

**2 おって おって ……**

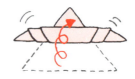

下から折っていく。

**3 まいて まいて くるくる まいて**

片側からくるくる巻いていく。

**4 はしを さしこんで できあがり**

最後に端を差し込んでとめる。

 紙皿などに並べたら、カラフルまきずしのできあがり！

Part 2 ハンカチあそび

# ハハハハ ハンカチ

ハンカチ取りあそびです。
2人組になって、保育者のかけ声に反応しながら遊びます。

● 2人組で向かい合って座ります。1人はハンカチの一角をつまんで保育者（リーダー）の「♪ハハハハ……」のリズムに合わせてハンカチを上下させます。保育者は好きなタイミングで「は」のつくことばを言います。

● もう1人は、ハンカチを取る役です。ハンカチの両脇に両手を出し、「♪ハハハハ……」の後が「ハンカチ！」だったときにハンカチをつかみます。違うことばだった場合は、つかみません。

★ハンカチをつかめたら、ハンカチを持つ人とつかむ人の役割を交代します。

### 「は」がつくことば

はくさい／はし／はらまき／はいしゃさん／ハンバーグ／
はんぺん／はらぺこ／はみがき／ハクション　など

**ポイント**　保育者（リーダー）は、「♪ハハハハハハハハハハ……ハンバーグ！」「♪ハハハハ ハクション！」などと、「ハ」の回数を長くしたり短くしたりして、相手を惑わすかけ声にして楽しみましょう。

# ねずみの
# チュウチュウあそび

ハンカチで作ったねずみが大活躍しますよ！

## ねずみの作り方

**1** ハンカチ たいらに ひろげましょう

ハンカチを広げて置く。

**2** さんかくに おりますよ

三角に折る。

**3** りょうはし ちょんちょん おりますよ

両端を折る（端が少し重なるくらい）。

**4** したから いっかい にかい さんかい おりますよ

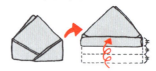

下から3回折る。

**5** ひっくりかえして またおって

裏返して、両端を折る。

**6** じょうげ ぎゃくに とんがりを あなに いれて

上下を逆にして、
とんがった部分を上の穴に入れる。

Part 2 ハンカチあそび

**7** 2かい 3かい ひっくりかえしたら あたまと しっぽが でてきます

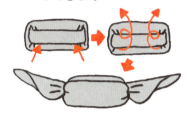

下からすきまに手を入れて、2〜3回ひっくり返すと自然にハンカチの端が出てくる。

**8** あたまの りょうはし もって くるりと かえして むすんだら ねずみの できあがり

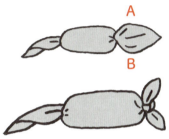

AとBを持って開き、一回転させ、両端を結んで頭にする。

## あそび方

### ねずみくん飛ばし

手のひらにねずみをのせて「おりこうなねずみさんですね。名前は何にしましょうか？」などと言います。ねずみの背をなでながら話している間に、ねずみをのせている手の薬指でねずみの背をはじいて飛ばします。

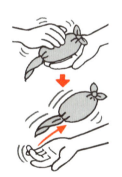

### ねずみくんのお散歩

ねずみの胴体に人さし指を入れて「ねずみくんはお散歩が大好きです。手を出してください」などと言って、子どもたちとふれあいあそびもできます。

# おとうさんねんね

おふとんかけて家族がねんね。誰か起きたみたいだけど、誰かな？
かんたんに遊べて盛り上がる、当てっこあそびです。

 友だち同士で遊んだり、
家庭でも遊んでみたりするように伝えましょう。

**1** おとうさん ねんね
おしごと
おつかれさん

右手で左手の親指を軽くたたき、
「おしごと〜」で親指を折り曲げる。

**2** おかあさん ねんね
おいしい ごちそう
ありがとう

人さし指を1と同様にする。

**3** おにいさん ねんね
べんきょう
がんばって

中指を1と同様にする。

**4** おねえさん ねんね
おてつだい
ありがとう

薬指を1と同様にする。

**5** あかちゃん ねんね
スースーって
ねんね

小指を1と同様にする。

Part 2 **ハンカチあそび**

**6** おふとん かけて
みんな ねんね

グーになった左手に
ハンカチをかける。

**7** 「あれあれ…?
誰か起きたみたい。
さあ、
誰が起きたか、
当ててください」

ハンカチの中で指を1本立て、
どの指かを子どもたちが当てる。

## おとうさんねんね  作詞・作曲：阿部 恵

# ハンカチジャンケン

4歳〜

2人組になって、たたんだハンカチをそれぞれ左手にのせます。
リズミカルにたたいて遊びましょう。

## 1 ハンカチ ポンポン
   たたいて ポンポン

## 2 ジャンケン ポン

ジャンケンをする。

2人組になり、たたんだハンカチをそれぞれ左手にのせ、
「ポンポン」でそれぞれのハンカチを2回ずつたたく。

### ハンカチジャンケン　作詞・作曲：阿部 恵

### 罰ゲーム
## ハンカチおばけ

ジャンケンに勝った人はハンカチを
頭にかけて「ハンカチおばけ」になり、
負けた人は動いてはいけません。

## 1 ハンカチおばけが フワフワ

勝った人は、負けた人の前で
フワフワとおばけになる。

**2** かみのけさわって フワフワ
かたをさわって フワフワ

負けた人の髪の毛、続いて肩を
おばけの手でフワフワとさわる。

**3** さわってばかりじゃ
つまんない

おばけは手と頭を左右にふって、
いやいやのポーズ。

**4** くすぐろう！

負けた人を思いきりくすぐる。

- 罰ゲームは保育者の合図で行うとよいでしょう。
「罰ゲームおしまい！ 次は2回戦です」などと続けます。
- 思いきりオーバーに行うと、あそびが盛り上がります。

## ハンカチおばけ　作詞・作曲：阿部 恵

## 子どもたちの大好きなことば②

ちょっとしたことでも、おおげさなくらいに認めてあげることで、子どもたちは誇らしい気持ちになれます。保育者の表情も大切です。

### 大発見！

大人には何でもないことでも、箔をつけてあげましょう。

**こんなときに**

- 園庭に落ちていた石ころを見つけて。
- 影が偶然、あるものに見えて。

細長い石ころが、恐竜の歯に見えることも。
「ほんと、大発見！ よく見つけたね。みんなにも見せてあげよう！」得意そうな表情が見られますよ。

### ○○チャンピオン！

「やさしさチャンピオン」「おかたづけチャンピオン」「お返事チャンピオン」…。みんなチャンピオンになれます。

**こんなときに**

- 誰かに親切にしたり、何かをがんばったとき。
- 元気よく返事ができたとき。

いつも意識して、子どもたちがうれしく感じるチャンピオン名を記録しておくとよいでしょう。

# Part 3
# かんたん手品あそび

「手品」ということばには、私たちをワクワクさせてくれる響きがあります。保育者は手品師になったつもりで、パフォーマンスしてください。子どもたちはきっと拍手喝采です！

# くるくるかざぐるま

すごい！ 画用紙の切れ端が、かんたんにくるくる回るかざぐるまに！

**1** 画用紙を縦15cm×横4cmにカットし、裏側の中心に小さい印をつけておく。
（ポケットから画用紙を出して）

「先生のポケットに、こんな小さな紙が入っています。これがくるくる回るかざぐるまに変身しますよ」

**2** 画用紙の両端を持ってひねり、少しくせをつける。

**Part 3 かんたん手品あそび**

**3** ぬらしたティッシュをポケットに入れておき、利き手の人さし指を少し湿らす。
その手に向かっておまじないをする。

「♪チチンプイプイのプイ！」

**4** 反対の手で画用紙を持ち、湿らせた人さし指を紙の中心に当てると同時に走り出すとくるくる回る。

**ポイント** タイミングをつかむため、練習しておくとよいでしょう。
風がある場合は、風に向かって走ります。

# お鼻がわらった！

魔法のおまじないで、じょうずにお鼻がわらえますか？
それともはさまったままですか？　同じ動作なのに不思議です。

**1** 体の前で腕を交差させ、
手のひらを合わせて組む。

「手をこうやって組んで、
中から外へ
ぐるりと返します」

**2** 人さし指で鼻をつまむ
（爪側が鼻につくように）。

「人さし指で鼻をつまみます。
『♪チチンプイプイのプイ！』
でお鼻がわらったら大成功！
みなさんも一緒に
おまじないをして
応援してください！」

**3** みんなでおまじないをする。

「♪チチンプイプイのプイ！」

チチンプイプイ のプイ！

**4** 指をほぐして、そのまま手首を回す。手首が回ったら「成功！」、手首が回らなかったら「失敗！」（種明かしはポイントを参照）。

### 成功　　「大成功！ お鼻がわらった！」

### 失敗　　「あれれ〜、失敗！」

**ポイント**
最初の手の組み方で、成功か失敗が決まります。手を組むときに、上になった腕の手の小指が一番上になるように組むと成功します。子どもたちと一緒に遊んでみましょう。

# びっくりだ"わ"

びっくり！ 2色のリボンの輪が
「ワン、ツー、スリー」のかけ声で入れ替わります。

**1** 1メートルくらいの
リボンやひもを
色を変えて
2本用意し、
輪にして
しっかり結ぶ。

「色が違う2本のリボンがあります」

**2** 片方をもう片方に通し（Tの字にする）、
上のリボンを利き手ではない腕に通す。

「このリボンを先生の腕にひっかけます」
「上は白い輪ですね。下は赤い輪ですよ」

**3** 「ワン・ツー・スリー」のかけ声をみんなでかける。

「みんなでワン・ツー・スリーとかけ声をかけてね。
さあ、何が起きるかな」

「ツー」と言いながら上のひもの
自分に近いところの1本をつまむ。

「スリー」と言いながらつまんだ
ひもを下に引き、手を離す。

**ポイント** すぐに種明かしはせず、「アンコール！」にこたえ、
何度もくり返し楽しみましょう。

# ふしぎな"わ"

なぜなぜ!? 不思議な「わ」に、子どもたちもびっくり!

**1** 新聞紙1ページ大の
カラフルな
広告紙などを
用意して、
縦に8等分に切る。

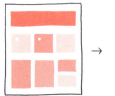 →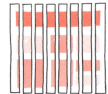

**2** 1で作った紙を、1本ずつ使って
A～Cの3種類の輪を作る。

**A** 輪を作り、
セロハンテープでとめる。

**B** 1回ひねって輪を作り、
セロハンテープでとめる。

**C** 2回ひねって輪を作り、
セロハンテープでとめる。

★ここまで用意しておく。

「このふしぎなわを
はさみで切ってみると……」

Part 3 かんたん手品あそび

**3** 次のようにそれぞれの輪を幅半分にはさみで切ります。
切る前に「チチンプイプイのプイ!」とおまじないをかけましょう。

「♪チチンプイプイのプイ!」

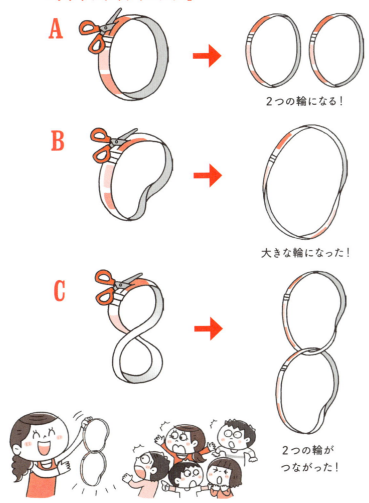

A → 2つの輪になる!

B → 大きな輪になった!

C → 2つの輪がつながった!

# スカイタワー

あっというまに高い高いスカイタワーのできあがり。
子どもたちから歓声が上がります！

**1** 新聞紙の見開き分を横半分に切る。

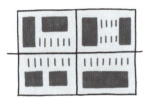

**2** 1をスティックのりでつなげる。

**3** 2を端からくるくる巻いて筒状にして、セロハンテープでとめる。

★ここまで用意しておく。

**4** 図の部分を切り落とす（少しつぶすと切りやすい）。

「このふしぎなつつに
きりこみをいれますよ」

この部分を→
切り落とす。

**ポイント** 子どもたちが遊ぶ場合は、新聞紙1ページを縦半分に切り、小さな筒を作って遊ぶとやりやすいでしょう。
※切り落とすところは、保育者がやってあげましょう。

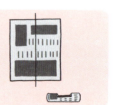

**5** 子どもに両端（AとB）を持って図のように曲げてもらう。一番上の紙をつかみ、おまじないをする。

「○○くん、ここを両手でしっかり持っていてね」

「♪チチンプイプイのプイ！」

**6** 5でつかんだ新聞紙をゆっくり引き上げていく。

「先生がひっぱっていくと……」

**7** 最後まで引き上げてできあがり。

「スカイタワーのできあがり！」

**ポイント** ひとりで行わず、他の人（子ども）に両端を持ってもらうとうまくできます。

# クリスマスツリー

子どもたちはくぎづけ間違いなし！
新聞紙がどんどん伸びて即席クリスマスツリーに！

**1** 新聞紙の見開き分を横半分に切る。

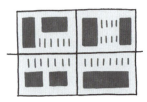

**2** 1をスティックのりでつなげる。

**3** 2を端からくるくる巻いて筒状にして、セロハンテープでとめる。

★ここまで用意しておく。

**4** 筒の半分まで、図の部分に切り込みを入れる。

「このふしぎなつつに
きりこみをいれますよ」

Part 3 かんたん手品あそび

**5** おまじないをして、筒の中の一番内側の1枚をつまみ、少しずつ引き出す。

「♪チチンプイプイのプイ!」

「いったい何になるでしょうか」

**6** ゆっくり引き出していくと70〜80cmのクリスマスツリーのできあがり。

「クリスマスツリーができました!」

**ポイント**
- 新聞のカラーページを使用すると華やかになります。
- 下の筒の部分をペットボトルなどにくくりつけ、クリスマス飾りをつけてもよいでしょう。七夕飾りにしてもよいですね。
- 子どもたちが遊ぶ場合は、新聞紙1ページを縦半分に切り、小さな筒を作って遊ぶとやりやすいでしょう。
※切り込みを入れるところは保育者がやってあげましょう。

# ひもぬき

手の指にからめたひもが、
おまじないのパワーでスルスルスルッとみごとにぬけます。

**1** 長さ100〜120cmくらいの
ひもを輪にして、図のように
利き手ではない方にかける。

「ひもを先生の指に
からめていきます」

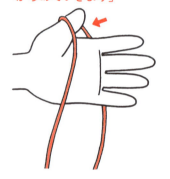

**2** 1の図の矢印部分を
利き手の人さし指で手前の
ひもの下から引き出す。

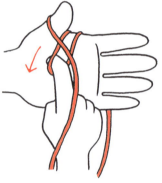

**3** 引き出したひもを右に
ひとねじりして、人さし指に
かける。指にかけた後、
手前のひもを引くと整う。

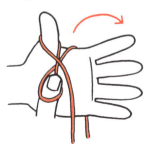

**4** 以下、中指、薬指、小指
まで同じようにする。

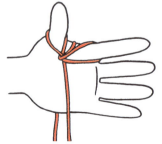

Part 3 かんたん手品あそび

**5** 親指にかかったひもを外して、おまじないをする。
手前のひもをゆっくり引くと、
指からひもが外れる。

「おまじないをすると、
このひもがいっきに外れます。
みんなも一緒におまじないしてね」

「♪チチンプイプイのプイ！」

**6** 外したひもと手をみんなに見せる。

「やったぁ、大成功！」

● 一連の流れがスムーズに行えるように練習をしておくとよいでしょう。
● 年長児くらいになると、自分でできるようになります。

## 子どもたちの大好きなことば③

子どもたちは、とっておきのものを保育者にプレゼントしてくれたり、見せたりしてくれます。そんなときは、表情豊かに喜んで。家庭にもつなげられるとよいですね。

## わぁ！先生うれしいな…

子どもたちは愛着を持って、保育者にさまざまなものをプレゼントしてくれます。そんなときに伝えましょう。

### こんなときに

- 砂場でおだんごを作って「先生これあげる」とくれた。
- 家庭でかいた絵や折り紙を、登園したときにプレゼントされて。

「どうもありがとう！ 先生うれしいな。
○○ちゃんが作ったの？ じょうず！ おうちの人にも
お話ししてね」と、家庭にも伝わるように。

## ステキなおみやげできたね

園庭や公園で拾った落ち葉や、折り紙を折ったものがおみやげに。

### こんなときに

- 「先生、きれいな葉っぱ！」と見せてくれた。
- 新しい折り紙作品が折れてうれしそう。

「麻衣ちゃん（妹）の
おみやげできたね。
麻衣ちゃん喜んで
くれると思うよ」と
家族へのおみやげに
なることを伝えましょう。

# Part 4
# 絵かきうた

あっというまに〝何か〟ができるので、〝すきま時間〟にうってつけ。園から家庭に、また家庭から園にあそびが伝わると最高です。伝承のものと本書オリジナルの創作絵かきうたを紹介します。

**伝承**
えかきうた

# うさぎさん

数字の6から
躍動感あふれる、
かわいいうさぎさんの
できあがり！

**ポイント** ムカムカの「ム」は6の読み方のひとつですね。

## 1 6ちゃんが

## 2 まめ たべて

## 3 くちを ムカムカ

## 4 うさぎさん

Part 4 絵かきうた

 **カッパさん**

「あめ」や「あられ」や「さんかくじょうぎ」……。
絵かきうた定番のフレーズが
たくさん登場します。

**ポイント** ゆっくり歌いながら〝なにかとおもえば〟の変化を楽しみましょう。

**1** あめが ザアザア
ふってきて

**2** あられも ポトポト
ふってきて

**3** さんかくじょうぎに
ひびいって

**4** なにかと おもえば
カッパさん

**ピエロさん**

あっというまに
かわいいピエロさんの
できあがり！

 ピエロの顔になることを意識して、最初の「6ちゃん」を大きめにかきます。

### 1 6ちゃんが

### 2 1えん もらって

### 3 あめ かって

### 4 6がつ6かに

### 5 バツ ふたつ

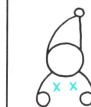

### 6 あっというまに ピエロです

### 伝承 えかきうた

# へのへのもへじ

おなじみの「へのへのもへじ」。文字の大きさが変わるだけでいろいろな表情に見えます。

**1** へのへの

**2** もへ

**3** じ

**ポイント** いろいろな形、大きさでかいてみましょう。

### アレンジバージョン

# へめへめしこし

文字が変わりました。やさしい顔に見えますね。

「へのへのもへじ」は男の人、「へめへめしこし」は女の人に見えます。子どもたちの感想も聞いてみましょう。

## 伝承 えかきうた

# つるこちゃん

「せんせい、つるこちゃんかいて！」とリクエストがかかる絵かきうたです。

**1** つるこちゃん

**2** はちみつ のんで

**3** しかられて

**4** へいき へいき

**5** のんき のんき

**6** しけんも 0てん

**7** つるこちゃん

 ゆっくり、かくテンポに合わせて歌います。文字に興味を持ちはじめた子どもたちに。

Part 4 絵かきうた

## 創作えかきうた パンダさん

かいている先から
「パンダさん!!」と
声があがります。

**1** くろまる ひとつ
ありました

**2** ちいさな おさらに
のせましょう

**3** めだまやき
ふたつ ありました

**4** おおきな おさらに
のせましょう

**5** あっというまに
パンダさん

**ポイント** 「おおきなおさら」を少し
つぶれた円にすると幼い
パンダちゃんに見えます。

## 創作えかきうた　きつねさん

ちょっとドキドキの展開です。でも最後は「ホッ」としますよ。

**1** さんかく ひとつ ありました

**2** まども ふたつ ありました

**3** ロケットかな？

**4** ひっくりかえって おっこちる〜〜〜

**5** あっと いうまに きつねさん

**ポイント** 紙にかいて楽しみましょう。ひっくり返すのも絵かきうたの醍醐味です。

**創作えかきうた**

おふとんから
マスクに。
最後はびっくり、
ぞうさんに！

**1** しかくい おふとん ありました

**2** あれあれ これは マスクかな？

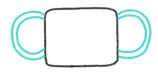

**3** ブロック

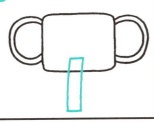

**4** たくさん つんだらね

**5** あっというまに ぞうさん

 耳の部分を大きくかくとよいでしょう。「あっというまに」で、すばやくかきあげます。

## 創作えかきうた バースディケーキ

年齢に合わせて、段数やローソクの数を調整しましょう。

**ポイント** 大きなケーキがかけます。誕生日の子へのサプライズのお祝いにもよいですね。

### 1 ちいさな かんづめ ありました

### 2 ちゅうくらいの かんづめも ありました

### 3 おおきな かんづめも ありました

### 4 まるちゃん たくさん やってきて

Part 4 絵かきうた

**5** まだまだ まるちゃん やってきて

**6** ぼうくんたちも やってきて

**7** せんちゃんたちも やってきて

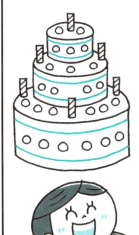

**8** なにかと おもったら バースディケーキ

**創作**
えかきうた

# ショベルカー

何ができるかお楽しみ。
ダイナミックに
かきあげましょう。

**1** ギザギザテーブル
ありました

**2** おさらも 4まい
ありました

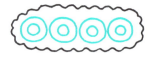

**3** おおきな プリンも
ありました

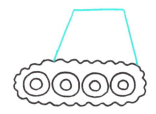

**4** ウインナー 3つ
ありました

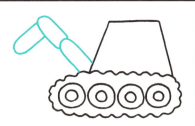

**5** あれあれ これは
かにのつめ

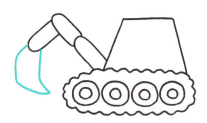

**6** いえいえ これは
ショベルカー

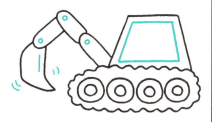

**ポイント** 最後に、ヘルメットをかぶった運転手さんをかき入れたりして楽しみましょう。

# すきま時間に役立つ！保育のヒント②

　子どもたちは、絵本と同様に紙芝居が大好き。絵本と違うところは、紙芝居は〝保育者に演じて見せてもらう〟ものだということです。

　紙芝居は、舞台を使って「演じる」ことを前提にして作られています。舞台を使って脚本通りに演じることで、はじまる前の期待感、抜きの効果、お話の展開、おしまいの満足感などが得られます。

　ところが、全国のほとんどの保育者が手に持って、紙芝居を「読んでいる」といわれています。紙芝居が持ち合わせている〝保育室でかんたんにお芝居が楽しめる〟という本来のよさが十分に生かされていないことになります。子どもたちに紙芝居の楽しさが十分に伝わっていないともいえるでしょう。舞台を使って、紙芝居の本当の楽しさを保育者にも子どもたちにも味わってほしいと願っています。

# 紙芝居は演じる

　近年では、赤ちゃん紙芝居もたくさん出ています。0・1歳児に向けて演じるときや、お散歩やバス遠足などに持参して楽しむときなどは、手で持って演じるのもよいでしょう。

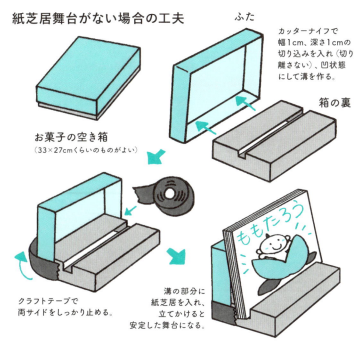

**紙芝居舞台がない場合の工夫**

ふた

カッターナイフで幅1cm、深さ1cmの切り込みを入れ（切り離さない）、凹状態にして溝を作る。

箱の裏

お菓子の空き箱
（33×27cmくらいのものがよい）

クラフトテープで両サイドをしっかり止める。

溝の部分に紙芝居を入れ、立てかけると安定した舞台になる。

後ろに紙芝居を支えるふたがあるので、脚本部分が見えなくなってしまいます。そのため、抜いたら机の端やひざに置くなどして、脚本を見ながら演じます。表紙（画面①）の脚本は事前にコピーをしておくとよいでしょう。

Part 5

# 絵カードあそび

集団で楽しむのに最適です。手作り絵カードでいろいろなあそびが楽しめます。保育室はもちろん、移動式のホワイトボードなどがあったら、集会などの集まりの時間に楽しむこともできます。

# 絵カードの作り方

手軽にいろいろなあそびができるのが絵カードあそび。
あそびが広がるように絵カードをたくさん作りましょう。

## 準備するもの

B5大の白ボール紙／ポスターカラー／
油性ペン（黒）／鉛筆／はさみ など

**1** B5大の白ボール紙に、あそびで使うイラストの下絵を鉛筆でかき、ポスターカラーで着色する。

**2** ポスターカラーがよく乾いたら、油性ペンで絵を縁どりし、文字も太くかく。

太くすると遠目がよくきく。

**3** はさみで角を丸くする。

丸くすると出し入れしやすく、いたみにくい。

B5大の絵カードが20〜30枚ほど入る布袋を用意しておくと、整理しやすく、便利です。

# ピコピコテレパシー

## 用意する絵カード

食べられるもの、食べられないものを各10枚ずつくらいかいておきます。

食べられるものの例

食べられないものの例

## あそび方

① 食べられるもの、食べられないものを適当に混ぜた絵カードを重ねて裏返し、黒板やピアノなどに立てかけます。

② 『ピコピコテレパシー』を歌います。子どもたちは、最後の「♪ポーズ」のところで、一番上の絵カードが食べられるものだと思ったら「○」を、食べられないものだと思ったら「×」のポーズをします。

③ 保育者は、一番上の絵カードをめくって子どもたちに見せます。

ピコピコテレパシー　　作詞：阿部 恵　作曲：宮本理也

**Part 5 絵カードあそび**

### 1 おいしいものは

両手の人さし指で、
ほおを軽くさわる。

### 2 まる

両手で小さな
○を作る。

### 3 まる

元気よく、両手で
大きな○を作る。

### 4 たべられないもの

右手を胸の前で
左右に振る。

### 5 ばつ

両手の人さし指で
小さな×を作る。

### 6 ばつ

元気よく、両手で
大きく×を作る。

### 7 ピコピコ……テレパシー

両手の人さし指を、こめかみから
絵カードに向けて伸ばす。

### 8 いちにーさん

拍手を3回する。

### 9 はいポーズ

すばやく両手で
○か×を作る。

 **ポイント** カードをめくるとき、「○か×かどっちかな…」などと
期待をもたせながら、楽しい会話を心がけましょう。

# まほうのそうがんきょう

## 用意する絵カード

- おいしいもの7〜8枚
- 食べられないもの4〜5枚

## あそび方

① 黒板などに「みぎ」「ひだり」と書き、その下に絵カードをそれぞれ5〜6枚ずつ重ねて裏返し、立てかけます。

② 両手で輪を作り、目に添えて双眼鏡にします。「これは魔法の双眼鏡。どちらかにおいしいものがあるので、当ててくださいね」と話し、『まほうのそうがんきょう』を歌います。

③ 歌の最後の「♪どっち」で、「みぎ」か「ひだり」おいしいものがありそうな方を指さします。

④ 保育者は「みぎ」「ひだり」で指さした人が多い方のカードから順にめくります。

⑤ 「当たった人はおめでとう。はずれた人は次がんばってね！」などと言って、くり返し遊んでみましょう。

Part 5 絵カードあそび

# まほうのそうがんきょう　作詞：阿部 恵　作曲：家入 脩

## 1 まほうの そうがんきょうで

両手で輪を作り、
双眼鏡にして目に添える。

## 2 のぞいてみよう

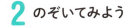

左右の方向を交互に
のぞくしぐさをする。

## 3 ズームイン ズームイン

「♪ズーム」で1回拍手、
「♪イン」で片方のカードを指さす。
2回目はもう片方を指さす。

## 4 おいしい ものは どっ

6回拍手。

## 5 ち

どちらか、おいしい
ものがありそうな
カードを指さす。

●「みぎ」と「ひだり」両方においしいものがあってもよいでしょう。
●表情豊かにリズミカルに遊びましょう。

# どっちにしようかな

## 用意する絵カード

・子どもたちのほしそうなもの5〜10枚
・子どもたちのほしくなさそうなもの5〜10枚

## あそび方

① 絵カードを5〜10枚ほど用意し、重ねて裏返し、黒板やピアノなどに立てかけます。

② 『どっちにしようかな』を歌い、最後に子どもたちはほしい場合にはグーを、いらない場合はパーを出します。

③ 保育者は、一番上のカードをめくって子どもたちに見せます。

### どっちにしようかな　作詞・作曲：多志賀 明

Part 5 **絵カードあそび**

## 1 ググッと にぎろかな

両手を握って、
リズミカルに動かす。

## 2 パッパッパッと すてよかな

手にあるものをはらい
落とすような動作をする。

## 3 どっちに しようかな

両手を胸のところで交差
させ、体を左右にゆらし、
考える動きをする。

★ここで保育者は

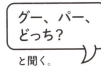

と聞く。

## 4 グー（パー）

グーかパーを
高くつき上げる。

 絵カードは、子どもたちがほしそうなもの、いらなそうなもの、
迷うものを考えて作りましょう。

# プレゼント プレゼント

3歳〜

### 用意する絵カード

- 包まれたプレゼントの絵カード1枚
- 子どもたちのほしそうなもの（おやつ、おもちゃなど）、ほしくなさそうなもの（ちゅうしゃ、おばけなど）、男の子がほしそうなもの、女の子がほしそうなものなど、各5枚ほど

プレゼントの絵カード

### あそび方

① 一番上に、包まれたプレゼントの絵カードを置いて、残りの絵カードを重ねて、黒板やピアノなどに立てかけます。

② 『プレゼント プレゼント』を歌い、「♪ほしいひと」のところで、ほしい人に挙手を求めます。

③ 「♪シュルルン パーッ」の後に、保育者が「中身は何かな？」と言ってカードをめくります。

④ 「おいしいそうなバースディケーキでした」などと言って、「♪おいしいケーキの〜」と歌詞にして歌を続けます。

## プレゼント プレゼント　作詞：阿部 恵　作曲：家入 脩

★保育者が子どもたちの前でリードしながら遊びましょう。

### 1 プレゼント プレゼント

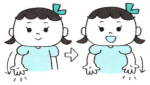

右手、左手を順に前に出す。

### 2 ほしいひとに プレゼン

6回拍手。

### 3 ト

両手を前に出す。

### 4 ほしいひと （ハーイ）

保育者がほしい人に手をあげることを促す。

### 5 ワクワク

ひじを上げ下げしてワクワク感を表現する。

### 6 ドキドキ

胸の前で両手を2回前後させる。

★この後、「中身は何かな？」とプレゼントのカードをはずす。

### 7 シュルルン

プレゼントのひもをほどくポーズ。

### 8 パーツ

両手を広げてポーズ。

### 9 （おいしいケーキの）プレゼント

2、3をくり返す。

★カッコの部分を絵カードのものに替えて歌います。

 「今度はどんなプレゼントかな？」などと期待をもたせながら、子どもたちに見えないように次のカードの上にプレゼントのカードを重ねます。

# 子どもたちの大好きなことば④

誰かの役に立っていること、自分にとってうれしいことを、「すごく助かる」「みんなに教えてあげよう」などとことばにすると、子どもにとって特別な喜びになります。

## ○○ちゃんのお手伝い、すごく助かるな

自分が人の役に立てることは、誰もがとてもうれしいことですね。

### こんなときに

- 荷物などを一緒に持ってくれたとき。
- 年下の子の着替えなどを手伝ったとき。

誰かがほめられると、ほかの子も刺激になり、よい循環になりますね。タイミングのよい声かけをしましょう。

## みんなに教えてあげようね

楽しいことやうれしいことは、みんなに伝えて喜びを共有できたら最高です。

### こんなときに

- 弟や妹ができたとき。
- 今までできなかったことが、できるようになったとき。

自分ではなかなか言えないことを、保育者が後押し（ときには代弁）してあげましょう。

# Part 6
# ことば あそび

ことばあそびは、〝すきま時間〟にぴったり！ さまざまなことばあそびで楽しめます。また、どんなタイミングでも終わりにできるところも魅力。家庭にもつなげられるとよいですね。

# 『ことばあつめ』あそび

いろいろなことばを「集める」あそびを紹介します。
子どもたちは〝ゲーム〟や〝大会〟ということばが大好き！
「○○あつめゲーム（大会）」などと名づけて遊んでもいいですね。
自由に、気軽に発言できるところが魅力です。
また、いつでもどこでもはじめられて、待ち時間などに
「○○ちゃんが来ました。みんながそろったので、
また今度遊びましょう」と、
どのタイミングでも終えられます。

## 「あ」のつくことばあつめ

ひらがな1文字をテーマに、なかまを集めて遊びます。
メモを取りながら遊ぶと振り返りができますね。

① 「みんながそろうまで、『あ』からはじまることばを集める
　 ゲームをして遊びましょう」

② 「あり」「あたま」「飴」「雨」「足」「あざらし」「アイスクリーム」
　 …と、子どもたちの発言を取り上げていきます。

③ 最後は、「『あ』のつくことばあつめゲームをやっている
　 うちに、みんなが集まりました。まだまだたくさんあります。
　 また、この続きをしましょうね」と終わりにします。

「今度遊ぶときは『い』のつくことばを集めてみましょう」などと、期待が持てるような声かけをするとよいですね。

# 色のなかまあつめ

ひとつの色をテーマに、なかまをたくさん集めます。

① 「今日は『赤』い色のなかまを集めるゲームをしましょう。たくさんありそうですね」

② 子どもたちに発言してもらい、保育者が「りんご。そうだね」などと確かめながら、進めていきます。ボードに書いてもよいでしょう。

- 「青」や「ピンク」、「黒」、「白」など、いろいろな色で遊んでみましょう。
- 決めた色のなかまあつめを〝今日一日のテーマ〟にして、気がついたらいつでも保育者に伝えるということにしても楽しいでしょう。

# 形のなかまあつめ

4歳〜

まる（○）や、さんかく（△）、しかく（□）などをテーマに、
なかまをどんどん集めます。

① 「今日は『まるい』形のなかまを集めるゲームです。
たくさんありそうですね。さあ、まるいものを集めますよ」

② 子どもたちに発言してもらい、保育者が「ボール。そう、
まるですね」などと確かめながら、進めていきます。
ボードに書いてもよいでしょう。

**ポイント** １週間くらいの長い期間で遊んでも楽しいでしょう。「お父さんが見つけた」などと、家庭で見つけたものを教えてくれたりします。

Part 6 ことばあそび

# 反対ことばあつめ

「あつい」と「さむい」のような反対のことばを集めてみましょう。
一度にではなく、「気がついたら、いつでも教えてね」と
伝えておくと興味が長く続きます。

① 「みなさんはあつい方が好きですか？
　さむい方が好きですか？　両方いますね。
　この『あつい』と『さむい』は反対のことばです」

② 「『大きい』の反対は『小さい』ですね。みんなが
　集まるまで、反対のことばあつめゲームで遊びましょう」

**ポイント** 反対ことばは、子どもたちとの生活のなかにもたくさん使われています。その都度、話題にしてみましょう。

# 顔の部位あつめ

5歳〜

子どもたちと向き合い、顔の部位を確かめながら遊べるので、
『すきま時間あそび』にピッタリ！ 覚えるためではなく、「この時間に
どの部位も名前がついていることに興味を持ってくれるとうれしいな…」。
そんな願いを持って遊んでください。

① 「私たちの体には、いろいろな名前がついています。
  みんながそろうまで『名前あつめ大会』をやってみましょう」

② 「今日は、この部分です（顔と頭全体を両手で示しながら）」
  「ここは何という名前ですか？」と、子どもたちに
  顔の部位の名前をたずねてみましょう。

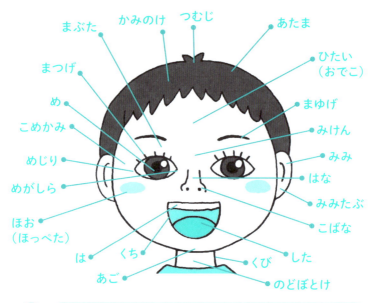

**ポイント** 年齢に合わせ、わかりやすい部位を
聞きましょう。

Part 6 **ことばあそび**

# 1文字ことばさがし

「め」(目)、「は」(歯)、「て」(手)、「い」(胃)、
「ひ」(火)、「と」(戸)など、
1文字のことばを身近なところから探して遊んでみましょう。

① 「私たちがいつも使っていることばは、
1文字ずつが組み合わさってできています。
今日は『1文字のことばさがしゲーム』をしてみましょう」

② 子どもたちから発言があったら、「め(目)、そうですね。
1文字ですね」と1つずつ確かめながら進めます。

★子どもたちが興味を持ったら、スケッチブックに書きながら
遊んでもよいでしょう。記録として残せるので、ちょっとした
あそびが大きな財産になります。

**ポイント** 2文字〜5文字のことばさがしに発展させて遊んでみましょう。

Part 6 **ことばあそび**

# 名前しりとりあそび

同じ「しりとり」でも、このしりとりは、子どもたちの目の輝きが違います。
なぜなら自分の名前がついたあそびだから。いつ自分の番がやってくるか、
ワクワク、待ち遠しく感じます。あそびのおもしろさが伝わると、
子どもたちの間で遊ばれたり、家庭にも広がったりします。

① 「今日の、お名前しりとりは、『さかまきるいちゃんしりとり大会』です。『さ・か・ま・き・る・い』だから、『い』からのスタートですね」と保育者が話します。

② 「それでは、先生からいきますね。さ・か・ま・き・る・い。『い』です。それでは、るいちゃんからどうぞ」。

③ 以下、挙手をして保育者に指名された人が発言します。

★さかまきるい→いちご→ごりら→らっぱ→ぱいなっぷる→るーれっと
→とんぼ→ぼうし→しまうま→ましゅまろ…などと続きます。

- クラス誕生会で誕生児を主役にして、名前しりとりを楽しんでもよいですね。
- 子どもたちに家族でも遊んでみるように伝えてみましょう。

# Part 7
# クイズ

朝や帰りの時間、バスの中、さまざまな場面で活躍するクイズ。保育者「♪クーイズ クイズ！」、子ども「♪なーにが クイズ？」などと、楽しいかけ合いをして遊んでください。

# でもでもクイズ

「『くつ』はくつでも、
そのままで外は歩けないくつってなあに？」。
「ヒントは、柔らかいくつでみなさんも毎日はいていますよ」。
答えは「くつした」。
このような形式のクイズを、
『でもでもクイズ』と名づけました。

## Q1

「き」はきでも、空飛ぶきって、なあに？

ヒント……これに乗って世界中に行けますよ。

こたえ→ひこうき

## Q2

「みず」はみずでも、風邪を引いたときによく出るみずって、なあに？

ヒント……ティッシュペーパーがたくさん必要ですね。

こたえ→はなみず

Part 7 **クイズ**

## Q3

「パン」はパンでも、動物園で大人気のパンって、なあに？

ヒント……笹の葉が大好きです。

こたえ→パンダ

## Q4

「パン」はパンでも、食べられないパンって、なあに？

ヒント……みんなはいています。

こたえ→パンツ

## Q5

「くり」はくりでも、口から出る食べられないくりって、なあに？

ヒント……赤ちゃんがよく「ヒック！ヒック！」と、していますよ。

こたえ→しゃっくり

## Q6

「もち」はもちでも、痛いもちって、なあに？

こたえ→しりもち

## Q7

「カバ」はカバでも、お出かけするときに持つと便利なカバは、なあに？

こたえ→カバン

## Q8

「かん」はかんでも、食べられる甘〜いかんって、なあに？

こたえ→ようかん

## Q9

「ぼう」はぼうでも、頭が好きなぼうって、なあに？

ヒント……頭を守ってくれる「ぼう」です。

こたえ→ぼうし

## Q10

「なし」はなしでも、食べられない、とても楽しいなしって、なあに？

ヒント……むかーし、むかし…。

こたえ→むかしばなし・おはなし

## Q11

「ちょう」はちょうでも、飛べないけどよく切れるちょうって、なあに？

ヒント……台所にあります。

こたえ→ほうちょう

# 園生活クイズ

園生活のなかから、いろいろなクイズを考えてみましょう。
クラス名、職員名、物品名、木や花の名前、遊具名……。
なんでもクイズになります。
たくさん手があがったときは、
「みんなで一緒に答えを言ってみよう」
と、みんなで答えるようにすると、全員満足できますね。

## Q12

ちょうはちょうでも、お花畑の上を飛ぶちょうちょうではありません。園でいつもみんなのことを見守ってくれているちょうは、だあれ？

ヒント……朝やお帰りのときに、いつもごあいさつしてくれますね。

こたえ→園長先生

## Q13

四角い箱にたくさん入っているのに、「よん」と呼ばれているのは、なあに？

ヒント……あか・あお・きいろ・くろ・ピンク…。いろいろな「よん」が入ってますよ。

こたえ→クレヨン

## Q14

みんなが歌を歌うときに大活躍してくれる、白と黒の歯のある大きな楽器って、なあに？

ヒント……先生が毎日ひいてくれますね。

こたえ→ピアノ・オルガン

## Q15

みんなが、毎日カバンや着替えたものをかけておくのは、どこ？

ヒント……お道具箱やなわとびも入っていますね。

こたえ→ロッカー

## Q16

園庭（公園）にあるもので、足で階段を登って、お尻で滑り降りるものって、なあに？

ヒント……"ヒュー"と滑り降りると気持ちがよいですね。

こたえ→滑り台

## Q17

園庭（公園）にあるもので、「ブタの丸焼き」や「前回り」、「さか上がり」ができるものって、なあに？

ヒント……高さが低いもの、中くらいのもの、高いものとありますね。

こたえ→鉄棒

## Q18

グ〜と、お腹が鳴ったよ。朝からたくさん遊んでお腹がすきました。これから食べるのは、なあに？

ヒント……手を石鹸で洗ってから「いただきます」のごあいさつをしますね。

こたえ→給食・お弁当・お昼ごはん

## Q19

おだんごにプリン。山に川、ダムもトンネルもできる、みんなが大好きな場所って、どこでしょう。

ヒント……園庭（公園）にありますね。

こたえ→砂場

### Q20

みんながお散歩から帰って、手を洗ったら「ブクブク ペッ！ガラガラ ペッ！」と、コップを持って何かをしているよ。これって、なあに？

ヒント……水道のあるところでしています。

こたえ→うがい

### Q21

3時になると何かが出ました。みんなが大好き。うれしい「つ」って、なあに？

ヒント……パンツでもタイツでもありません。

こたえ→おやつ

### Q22

みんなが大好きで、園やおうちにこれがないと「えっ?」「ほんと…」と、がっかりすることでしょう。これって、なあに？

ヒント……「えっ?」「ほんと…」（答えが出るまでくり返す）です。

こたえ→絵本

# 交通安全クイズ

散歩の前や途中で休息しているときに出してもよいでしょう。
「さあ、帰りも自動車や自転車に気をつけて行きましょう」
「さっきのクイズに出てきた横断歩道だね」などと、
ちょっとした会話をしながら歩けますね。

## Q23

「ブーブー」といってもおなら
じゃないよ。赤ちゃんがよく言
うブーブーって、なあに？

ヒント……道路にはいろいろな「ブーブー」が走っていますね。

こたえ→自動車

## Q24

四角い大きな体で、たくさんの
人を乗せて、走っている、とて
も便利な車は、なあに？

ヒント……降りるとき「♪ピンポーン」とブザーを鳴らしますよ。

こたえ→バス

## Q25

「♪ピーポー ピーポー ピーポー」の音に、他の車が道路の端に止まったよ。やってきたのは、何の車？

ヒント……病気やけがをした人を運んでくれます

こたえ→救急車

## Q26

頭の上に赤いリボンがついている、白と黒の車って、なあに？

ヒント……いつもパトロールしてくれていますよ

こたえ→パトカー

## Q27

道路を歩いて渡る人が安全に渡れるように、歩く人にも車の人にもよく見える、太くて白いしましまって、なあに？

ヒント……信号機の下にもかいてあります

こたえ→横断歩道

## Q28

車の運転手さんが運転しながら、ときどき落としているものって、なあに？

こたえ→スピード

## Q29

道路で暑い日も、雨の日も、風の日も、雪の日も、1年中休まず働いてくれる、赤・青・黄色のがんばり屋さんは、だあれ？

こたえ→信号機

## Q30

いつもは手をあげているのに、泣き出すとすぐに手を下ろすものって、なあに？

こたえ→踏切（遮断機）

Part 7 クイズ

# 昔話スリーヒントクイズ

子どもたちがよく知っているお話を、
スリーヒントクイズにしました。
ヒントを出すコツは、
「考える間をおいて3つのヒントを出してあげる」、
「遠いヒントから、近いヒントに」です。
当たったら、
「♪ピンポン ピンポン ピンポン!」
とお祝いしてあげましょう!
新鮮なあそびになります。

## Q31

**第1ヒント……**
やさしくて力の強い男の子のお話です。
**第2ヒント……**
おばあさんから、食べると力の出るきびだんごを作ってもらいます。
**第3ヒント……**
困っている村の人のために鬼ヶ島に鬼退治に出かけます。
……さあ、なんというお話?

おまけのヒント……鬼ヶ島には、いぬとさるときじがお供をしましたよ。

こたえ→桃太郎

## Q32

**第1ヒント……**
心のやさしいおじいさんとおばあさんのお話です。
**第2ヒント……**
おじいさんはおばあさんが作ったおむすびをもって、山へ仕事に…。
**第3ヒント……**
おむすびを食べようとすると、おむすびがころころと転がって…。
……**さあ、なんというお話?**

おまけのヒント……おじいさんはねずみの国で、楽しい時間を過ごしました。

こたえ→おむすびころりん

## Q33

**第1ヒント……**
若者が出てきます。
**第2ヒント……**
若者は亀の背中に乗って海の底へ連れて行ってもらいます。
**第3ヒント……**
そこは竜宮城。乙姫様と歌ったり、踊ったり、ごちそうを食べたり楽しい時間を過ごします。
……**さあ、なんというお話?**

おまけのヒント……乙姫様から玉手箱をもらってきますよ。

こたえ→浦島太郎

## Q34

**第1ヒント……**
男の子のお話です。
**第2ヒント……**
最初は親指くらいの小さな体でしたよ。
**第3ヒント……**
おわんの舟で都に行きました。
……さあ、なんというお話？

おまけのヒント……小さな体は、打ち出の小づちをふると大きくなりました。

こたえ→一寸法師

## Q35

**第1ヒント……**
遠いところに行ってしまうお話です。
**第2ヒント……**
おじいさんとおばあさんに育てられた女の子です。
**第3ヒント……**
女の子は竹の中から生まれました。
……さあ、なんというお話？

おまけのヒント……遠いところはどこかというと、お月さまです。

こたえ→かぐや姫

## Q36

**第1ヒント……**
人間の家で飼われていた、動物が出てくるお話です。
**第2ヒント……**
みんな歳をとったので、家から追い出されました。
**第3ヒント……**
動物たちは人間の泥棒たちと戦いました。
……さあ、なんというお話？

おまけのヒント……ヒヒーン！ ワンワン！ ニャンニャン！ コケコッコー！

こたえ→ブレーメンの音楽隊

## Q37

**第1ヒント……**
海の底の世界と、人が住んでいる陸のお話です。
**第2ヒント……**
海に住むお姫様は、船から落ちた人間の王子様を助けます。
**第3ヒント……**
そのお姫様は人間の王子様が大好きになります。
……さあ、なんというお話？

おまけのヒント……海に住むお姫様は魔女に人間にしてほしいと頼みます。

こたえ→人魚姫

## Q38

**第1ヒント……**
こわ〜い動物が出てきます。
**第2ヒント……**
おうち作りをします。
**第3ヒント……**
兄弟で助け合い、こわ〜い動物をやっつけます。
……さあ、なんというお話?

おまけのヒント……作った家は、わらの家、木の家、レンガの家です。

こたえ→三びきのこぶた

## Q39

**第1ヒント……**
みんなに協力してもらうお話です。
**第2ヒント……**
「♪うんとこしょ、どっこいしょ」
**第3ヒント……**
「すっぽーん!」と何かが抜けました。
……さあ、なんというお話?

おまけのヒント……抜けたもので、おいしいシチューを作って食べましたよ。

こたえ→おおきなかぶ

# すきま時間に役立つ！保育のヒント③

　私たちがよく手にする折り紙は、150×150ミリの正方形。各色が用意されています。その折り紙から、花やくだもの、動物や乗り物、身近な生活用品など、さまざまなものが折れます。子どもたちにとって、少し難しいものを保育者や友だち、家族などから教わりながら折れたときの達成感は格別です。「できた！」と、ハイタッチものです。

　子どもたちからよく、「せんせい、これあげる」と、家庭で折った折り紙をプレゼントされます。「Aちゃんが折ったの？」とたずねると、自慢げに「お母さんと一緒に折ったの」と答えてくれます。それをボードなどに貼ってあ

# 折り紙で遊ぶ

げて、みんなに紹介すると、翌日から次々と折り紙作品が集まります。ボードは色とりどりの折り紙で埋まります。

ちょっとした時間に折り紙を手にして、折っている子も目にします。年長児では子ども同士で教え合う姿もよく見られます。

子どもたちが折り紙に興味を持ったら、保育者が毎日1作品ずつ折って、朝の会などで紹介してみるのもよいですね。〝今日のおりがみ〟の時間を作ってもよいかもしれません。そうすると「家庭から園に」の逆で、自分が園で折った折り紙を、家庭におみやげとして持ち帰る子も出てきます。

# Part 8
# 休憩あそび

休憩にも年齢やいろいろな場面によって違いがあります。その場面に応じて、ゆっくり静かに遊んで体を休め、パワーを取り戻したら、元気の出るあそびに移りましょう。

# おでこくちゅくちゅ

**0歳〜**

スキンシップあそびです。
やさしい笑顔で愛情たっぷりに遊んでください。

**1** おでこと
おでこを……
くちゅ くちゅ

赤ちゃんを抱いて、
おでことおでこを
やさしくこすり合わせる。

**2** あー
いいきもち

互いに顔を見合わせる。

**3** ホッ ホッ

肩を2回上下させ、
同時に赤ちゃんを
少し持ち上げる。

**4** くちゅ くちゅ

1をくり返す。

★2番では1で鼻の頭を、
3番ではほおをこすり合わせ、
2〜3は1番と同様。

## おでこくちゅくちゅ　作詞・作曲：阿部 恵

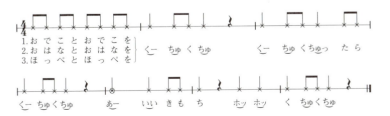

1. おでことおでこを
2. おはなとおはなを
3. ほっぺとほっぺを

くー ちゅくちゅ　くー ちゅくちゅっ たら
くー ちゅくちゅ　あー いいきもち　ホッホッ くちゅくちゅ

# いちに さん

となえうたに合わせて指を出します。

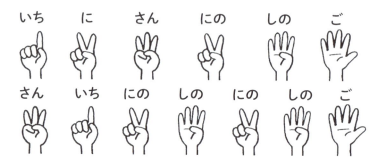

 右手、左手、両手で遊んでみましょう。
最初はゆっくり、慣れたら徐々に速くします。

# かたつむり

『かたつむり』（文部省唱歌）の歌に合わせて、
チョキとグーを交互に入れかえながら遊びます。

★リズムに合わせながら、歌の最後まで1と2をくり返します。

 最初はゆっくり歌いながら、少しずつ
テンポをあげてみましょう。

# なかよしさん

2歳〜

遊びながら指の名前を話し合いましょう。リズムに合わせて遊びます。

**1 おとうさんと**

右手の人さし指で
左手の親指をふれる。

**2 おかあさん**

続けて左手の
人さし指をふれる。

**3 なかよしさん**

ふれた親指と
人さし指をつけ合う。

**4 おとうさんと
おにいさん
なかよしさん**

同様に人さし指で
親指と中指にふれ、
指同士をつけ合う。

★歌詞に合わせ、
2番も同様に。

**5 みんな
そろって はい**

右手の人さし指で親指
から小指までさし示す。

**6 なかよしさん**

左手の5本の指全部を
リズミカルにつける。

## なかよしさん　　作詞：阿部 恵　作曲：家入 脩

# おなべふうらない

4歳〜

うらないごっこあそびです。「わたし〝おりこうさん〟だった！」
「ぼく〝ふざけんぼう〟だって！」と盛り上がります。

**1** 2人組になり、占う人、占ってもらう人を決める。
占う人は占ってもらう人の腕を持ち、手首の内側の線から、
ひじの内側の線まで、「お・な・べ・ふ…」をくり返し、
左右の親指を順に送っていく。

**2** ひじの内側の線についたときの文字が
その人の占いの結果になる。

お…おりこうさん
な…なきむし
べ…べんきょうか
ふ…ふざけんぼう

 「や・き・か・し」占いでも遊んでみましょう！
や…やさしい　き…きれいずき　か…かわいい（かっこいい）
し…しっかりもの

Part 8 休憩あそび

# ゆびのかくれんぼ

4歳〜

指のかくれんぼです。大人でもなかなかわかりません。

**1** 2人組になり、Aの人が左右の手の指の1本を中にかくして両手を組む。

**2** Bの人はどの指がかくれているかを当てる。最後にAの人は手を返して中を見せてあげる。

# このゆびうごく?

4歳〜

手首を交差して、指を組むと不思議! うまく指が動きません。子どもたちに伝えて遊んでみましょう。

**1** 2人組になり、Aの人が手を組み、自分の胸の方に返して胸の前に出す。

**2** Bの人は「この指動かして」とAの人の指を指さす。

★Aの人は動かそうとしますが、なかなか動かない指があるはず…!

# こどもとこどもが けんかして

昔から伝わるわらべうたあそびです。
リズムに合わせて両手の指をつけ合って遊びます。

## 1 こどもと こどもが けんかして

リズムに合わせながら、小指同士を8回つけ合う。

## 2 くすりやさんが とめたけど

同様に薬指同士を8回つけ合う。

## 3 なかなか なかなか とまらない

同様に中指同士を8回つけ合う。

## 4 ひとたちゃ わらう

同様に人さし指同士を8回つけ合う。

Part 8 休憩あそび

**ポイント** 動きは手ですが、手を顔に近づけて、表情豊かに遊びましょう。

## 5 おやたちゃおこる

同様に親指同士を8回つけ合う。

## 6 「そこでとうさんプンプンプン!」

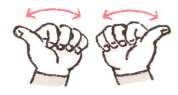

最後にセリフを言い、親指を立ててにぎり、「プン〜」のところで内外内外と3回くり返す。

# こどもとこどもがけんかして　わらべうた

こども と こども が けん か して　く すり や さん が
とめた けど　なかなか なかなか と まら ない
ひと た ちゃ わら う　おや た ちゃ お こる

# どんぐりころちゃん

どんぐりを使っての楽しい当てっこあそびです。
家庭にもあそびが伝わります。

## 1 どんぐり ころちゃん

左手の親指と人さし指でどんぐりを持ち、
リズムに合わせ、右手で指さす。

## 2 あたまは とんがって

どんぐりの頭のとんがりを、
右手でとんとんたたく。

## 3 おしりは ぺったんこ

どんぐりのおしりを、
右手でとんとんたたく。

## 4 どんぐり はちくり

どんぐりを両手の中に入れて、
上下左右にふる。

Part 8 休憩あそび

### 5 しょっ！「さあ、どっちだ？」

どちらかにどんぐりを入れ、
にぎった手を子どもたちに見せ、
子どもたちの反応を受ける。

### 6 「いちにのさん！こっちでした」

両手を広げて、
どんぐりの入っている方を見せる。

## どんぐりころちゃん　わらべうた

どん ぐり ころちゃん　あたまはとんがって　おしりはぺったんこ　どん ぐりはちくりしょっ！

 どんぐりは、クヌギやマテバシイなどの大きめなどんぐりを使うとよいでしょう。冷暗所で保存すると1年中使えます。

# おてんきジャンケン

子どもたちが「今日の天気」に関心を
持って過ごすきっかけになる
お話ができます。子どもたちと
向かい合い、手合わせしている
つもりで遊びましょう。

**4歳〜**

## 1 セッセセの よいよいよい

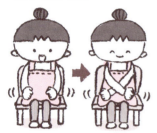

各自で体の前で
こぶしを作り、
上下に3回ふる。

両手を交差させ、
上下に3回ふる。

## 2 きょうの おてんき どんなかな

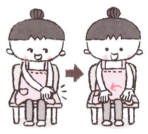

リズムに合わせ、左手のひらを
右手のひらでたたき、右手を横に
開く手合わせを4回くり返す。

## 3 パーッと はれた いいてんき

手をパーにして
キラキラさせながら下におろす。

## 4 グングンでてきた くろいくも

手をグーにして
手首を回しながら上にあげる。

Part 8 休憩あそび

## 5 チョッピリ あめも ふってきた

手をチョキにして、手首を回しながら下におろす。

## 6 おてんき おてんき ジャンケン

2の手合わせを3回くり返す。

## 7 ポン

ジャンケンをする。

**ポイント**
遊んだ後に天候の話をしましょう。
保育者「今日のお天気は？」
子ども「晴れ！」
保育者「そうですね！ パーッと晴れています。それに最高気温が33度だそうです……」
というような会話をして、給水や汗をかいたら着替えをする、外に出るときは必ず帽子をかぶるなど、季節に応じた毎日の注意事項を伝えるのもよいでしょう。

### おてんきジャンケン　作：黒川幼稚園　補作：阿部 恵

セッ セ セ の よい よい よい　きょ うの おてんき どん なかな
パーッ と はれた いい てんき　グン グン でてきた くろい くも
チョッ ピリ あめも ふって きた　おてんき おてんき ジャン ケン ポン

## 子どもたちの大好きなことば ⑤

目立たなくても努力していること、なかなか成果がでないこと…。でもそれを認めてくれる人がいる、それが安心につながります。いつも見ていることを伝えましょう。

### がんばっているね

運動や技能は懸命にやっていても、成果がなかなか出ないときがありますね。そんなときにやさしく声をかけましょう。

**こんなときに**
- 努力しているのに、成果の出ないとき。
- どうしたらよいのか、わからなくなっているとき。

保育者がことばでやさしく「がんばっているね。もう少し」と、後押ししてあげましょう。

### おかえり

「おかえり」と声をかけられたら、「ただいま」と自然に声が出ます。家庭にいるような安堵感が…。

**こんなときに**
- トイレから帰ってきたとき。
- 外あそびから戻ってきたとき。

顔を見て、声かけをしてあげましょう。「いってらっしゃい！」もありますね。毎日続けていると、子どもたちのちょっとした変化も知ることができますね。

# Part 9

# 素話

日本と海外で人気の昔話を子どもに語りやすいように組み立てて紹介します。素話のコツは丸暗記をするのではなく、あらすじを覚え、目の前の子どもたちに合わせて語ることです。

# 素話のできる保育者になろう

## むずかしくありません、まず語ってみましょう

　素話（すばなし）とは、創作童話や昔話などのお話のあらすじを頭に入れ、本やメモなどを持たずにお話を語ることをいいます。
　「お話を全部暗記するのは大変。自分には無理！」と思われる方もいるかもしれませんが、心配いりません。一言一句を暗記して語るのではなく、あらすじを覚え、対象者に合わせて肉付けをしながら語りましょう。

## 子どもたちの反応にやりがいも感じられます

　最初は子どもたちにとって聞きやすく、ストーリーがかんたんで、あまり長くない、3分ほどの楽しいものがよいでしょう。対象者の年齢、素話を聞く体験が豊富か、ほとんど聞いたことがないか、などを考慮して作品選びをしてみてください。
　子どもたちの食い入るような視線が保育者に集まり、話を聞き終えた後には満足そうな表情が見られたり、「せんせい、おもしろかった！　またやって！」という声が聞こえたりすると、保育者としてのやりがいが感じられるでしょう。

# 素話がじょうずになるポイント

## 1 子どもたちの前でまず語ってみる

何事も最初からうまくいくことはありません。はじめは、保育者も素話の初心者、子どもたちも素話を聞く初心者です。何回もチャレンジして、少しずつ手ごたえを得てください。

## 2 好きなお話をくり返し語る

「先生このお話大好きだから、また聞いてくださいね」と、自分自身が好きだと思えるお話を、くり返し語ってみましょう。技術ではなく、ハートで語ります。そうすると子どもたちは必ず聞いてくれます。

## 3 徐々にレパートリーを増やしていく

慣れてきたら、日本の昔話、外国の昔話、創作童話など、少しずつレパートリーを増やします。子どもたちに「明日はどんなお話が聞きたい？」とリクエストを聞いてもよいでしょう。

### 〝すきま時間〟での素話のコツ

何かの理由で中断しても構いません。再開するときは「続きの話をしますね」と話し出せばよいのです。ときには、すぐには再開できないことも。そんなときは「続きは、お帰りの会のお楽しみ！」でOKです。

# すずめのひょうたん

### 日本の昔話 ❶

子どもたちが情景をイメージできるよう、ゆっくり語りましょう。「すずめにけがをさせたのがいけなかったね」などの教訓や説明は不要。お話の味わいをなくしてしまいます。

---

むかし、あるところに心のやさしいおじいさんとおばあさんがいました。
ある日、おじいさんは山へ、おばあさんは家で仕事をしていました。
すると庭の方から

　★すずめが助けを求めるような鳴き声で。

チュン　チュン　　チュン　チュン
と、鳴き声がします。
おばあさんが声のする方を見てみると、片方の足をけがしたすずめが、バタバタと羽を動かしながら鳴いていました。
「おや、まあ！　かわいそうに。子どもにいじめられたんだね」
おばあさんは、そっとすずめに薬をつけてやり、水や餌をやりました。
何日かすると、すずめはすっかり元気になりました。

　★両手にすずめを乗せ、

　　逃がしてやるジェスチャーをしながら。

「さあ、子どもたちに見つからないように。けがをしないように気をつけてなー」
そう言って、おばあさんはすずめをはなしてやりました。
すずめはうれしそうに帰っていきました。

　★時間の経過を表す間。

何日か過ぎたある日、あのすずめが飛んできて、おばあさんの前にポトンと、ひょうたんの種をひとつ落としていきました。
　★情景がイメージできるように少しゆっくり語る。
おばあさんがその種をまくと、芽が出て、みるみる長いつるになって、たくさんのひょうたんが実りました。
　★ちょっとの間。
おばあさんがひとつとって、ひょうたんの口を開けてみるとどうでしょう。ひょうたんの口から、ざあざあとたくさんのお米が出てきました。
「これはびっくり！　すずめのくれたひょうたんから、お米が…」
おじいさんとおばあさんは、大喜び。
すずめのくれたひょうたんのおかげで、幸せに暮らすことができました。
　★お話変わっての間。
隣の欲ばりなおばあさんは、
「これはいい話を聞いた。よし、わしも…」
と、庭ですずめが来るのをじっと待っていました。
そして、すずめが来ると、用意していた棒をわざと投げて、すずめにぶつけました。
すずめは片足をけがしてしまいました。隣のおばあさんは「それ、それ！」と、すずめに薬をつけてやり、水や餌もやりました。
　★時間の経過を表す間。
何日かすると、すずめはすっかり元気になったのではなしてやりました。
　★ちょっとの間。
すると、また何日かしてすずめが戻ってきて、ひょうたんの種をポトンと落としていきました。隣のおばあさんは大喜び。
種をまくと、やがてたくさんのひょうたんが実ったので、とって口を開けてみました。

★口調を変えてゆっくり。

すると、どうでしょう。中から出てきたのはお米ではなくて、ヘビやらトカゲやらコウモリやらナメクジやら…。
隣のおばあさんはびっくり！
「ひえー！」と、腰を抜かしてしまったとさ。

　　　　　　　　　　　　　　　　　　　　おしまい

Part 9 素話

# どっこいしょだんご
### 日本の昔話 ❷

「おだんご」を「どっこいしょ」と間違えてしまうゆかいなお話。登場人物に悪い人はいません。穏やかな表情で楽しく語ってください。

---

むかしむかし、あるところに若い夫婦が仲良く暮らしていました。
ある日、お婿さんがお嫁さんの実家に、用事で行くことになりました。
　★お婿さんと、お嫁さんの仲の良さを意識して。
「それじゃ、行ってくるよ！」
「気をつけて行ってらっしゃい。お母さんによろしくね！」
お天気が良かったので、お婿さんは、お嫁さんの実家に向かってどんどん歩いていきました。
　★お話変わってのちょっとの間。
しばらくすると、お嫁さんの実家に着きました。そして、用事を済ませると、お義母さんがお婿さんに、
　★お婿さんにお皿に乗ったものを出すように。
「お婿さん、ご苦労様でした。用事も済んだことだし、これでも食べてくださいな」と、
お皿に乗った、丸くておいしそうなものを出してくれました。
　★手を合わせて、いただきますのあいさつをして、
　ひとつ取って食べる動作をする。
お婿さんは、「いただきまーす」と、その丸くておいしそうなものをひとつ取って、食べてみました。そのおいしかったこと、おいしかったこと。

お腹もすいていたので、「もうひとつ」「もうひとつ」…と、あっというまに全部食べてしまいました。
お婿さんはお義母さんに聞きました。
「お義母さんごちそうさまでした。全部いただきました。ところで、今いただいた丸くておいしいものの名前は、いったい何というものですか?」と尋ねました。
「おや、まあ。お婿さんはおだんごを知りませんでしたか? それは、おだんごですよ。娘も得意ですから、家に帰ったら作ってもらうといいですよ」と教えてくれました。
　　★お話変わっての少し長い間。
お婿さんは、お嫁さんの実家から帰る途中、名前を忘れないようにと、
　　★リズミカルに。
『おだんご、おだんご、丸くておいしいおだんご。おだんご、おだんご、丸くておいしいおだんご…』と口ずさみながら歩いていきました。
ちょうど、家まで半分くらいのところまで来たときです。小川が流れていました。
お婿さんは少し後ろにさがってから、「どっこいしょ!」と、かけ声をかけて小川を飛び越えました。
無事に小川を渡ったお婿さんは、その拍子に『どっこいしょ、どっこいしょ、まるくておいしいどっこいしょ。どっこいしょ、どっこいしょ、まるくておいしいどっこいしょ…』と、家まで帰ってきました。
　　★お話変わっての少しの間。
「ただいま! お母さんはとっても元気だったよ。それにしてもお母さんにごちそうになった、どっこいしょはおいしかったな。明日でいいから、どっこいしょをたくさん作っておくれ!」と、お嫁さんに言いました。
「えっ、今なんと言いました?」と、お嫁さんは聞き直しました。

「どっこいしょだよ。丸くておいしい、どっこいしょ！」

「えっ、どっこいしょって、なんでしょう？」

「知らないはずはないよ！ お母さんは『娘も得意だから、作ってもらうといいですよ』と、言ってくれたよ」

「そんなこと言っても、知らないものは作れません…」というお嫁さんに、お婿さんはだんだんイライラして、ついにお嫁さんの頭を〝ポカリ！〟と叩いてしまいました。

「痛い！ ひどいじゃないですか。ほら、おだんごみたいなこぶができてしまいましたよ…」

「えっ！ 今、なんと言った？」

「おだんごみたいなこぶですよ」

「あっ、それ、おだんごだ！」

「なあんだ、そうですか。おだんごですか。おだんごは得意ですよ」

　★時間の経過を表す間。

次の日、お嫁さんはお婿さんに、おいしいおだんごをたくさん作ってくれましたとさ。

おしまい

# かえるになったぼたもち
## 日本の昔話 ❸

和尚さんと小僧さんの笑い話です。子どもたちから笑い声や「もう1回！」のリクエストが出たら大成功。ぼたもちを食べる動作は、思いきりおいしそうにするとよいですね。

---

むかし、あるお寺に和尚さんと三人の小僧さんがいました。
ある日、和尚さんのところへ、村の人が
「ぼたもちを作りましたので、みなさんでどうぞ」
と、お皿に山盛りのぼたもちを持ってきてくれました。
和尚さんは甘いものが大好き。さっそくひとついただいてみました。
　★お皿から、ぼたもちをひとつ取って、おいしそうに味わって食べる動作をする。
「む～、うまい！　こりゃー、うまい！」
ぼたもちのおいしいこと、おいしいこと。ほっぺが落ちそうです。
すると、和尚さんは急に、小僧さんたちにぼたもちをわけてあげることがもったいなくなりました。
和尚さんは、ちょうどその日、お寺の用事でひとりで出かけなくてはいけなかったので、
　★戸棚を開けて、ぼたもちを隠す動作をしながら。
小僧さんたちに見つからないように、ぼたもちをそっと戸棚の中に隠しました。それでも、和尚さんは心配でしょうがありません。
　★腕組みをしながら。
「どうしよう。このぼたもちが小僧たちに見つかったら、みんな食べら

れてしまうぞ。何かいい考えはないかな…」
　★時間の経過を表す少しの間。
和尚さんはよいことを思いつきました。
「そうだ、ぼたもちにおまじないをかけよう！」
そういうと、戸棚の中のぼたもちに向かって言いました。
「ぼたもちや、いいか。もし小僧たちがこの戸棚を開けたら、みんなかえるになるんだぞ。そうすれば、小僧たちは驚いて食うことができまい。わしが開けたときは、ぼたもちのままでいいからな。わかったな」
　★戸棚の戸を閉める動作をしながら。
和尚さんはそう言うと、戸棚の戸をそっと閉めて出かけて行きました。
　★お話変わっての少しの間。
ところが、ちょうどそのとき、廊下の掃除をしていた小僧さんのひとりがその話を聞いていたのです。
「おーい、みんな。この戸棚にいただき物のぼたもちがあるらしいぞ！」
小僧さんたちは、あっというまに集まりました。
　★戸棚の戸を開ける動作をしながら。
そっと、戸棚を開けてみると、おいしそうなぼたもちが山盛りあります。
「むー、いいにおい！　これは、おいしそうだ」
「和尚さんは、独り占めして食べようとしていたんだな！」
「和尚さん、ずるい！」
　★おいしそうに食べる動作を入れながら。
小僧さんたちは、ひとつずつくらいならわからないと、食べてみました。
そのおいしいこと、おいしいこと。もうひとつくらい、もうひとつくらいと食べているうちに、気がついたらお皿は空っぽ。
和尚さんが帰って来たら、叱られてしまいます。
三人の小僧さんはいいことを考えました。

庭に出ると、あちこちからかえるをたくさん捕まえてきて、戸棚の中にみんな入れておきました。

★時間の経過を表す長い間。

「ただいまー、ああ忙しかった…」

和尚さんは帰るとすぐに、戸棚のある部屋に行きました。

★戸棚の戸を開ける動作をしながら。

そして、こっそりと戸棚の戸を開けました。するとどうでしょう。
中からかえるが、ピョンピョンピョンピョンと飛び出しました。
和尚さんはあわてて、

「おい、おい、わしは小僧じゃなくて和尚だぞ！」と言いましたが、かえるは庭にみんな逃げて帰りましたとさ。

おしまい

# ねずみのすもう
## 日本の昔話❹

老夫婦とねずみたちの心温まるお話です。やさしい気持ちで語ってください。〝デンカショー デンカショー〟のかけ声の変化をうまく表現しましょう。

---

むかしむかし、あるところに貧乏ですが、心のやさしいおじいさんとおばあさんが住んでいました。ある日いつものように、おじいさんはおばあさんに見送られて、山に仕事に出かけました。

山道を歩いていると、どこからか、不思議な声が聞こえてきました。

★相撲を取っている、やせねずみ（高い）とふとねずみ（低い）の声で。

〝デンカショー デンカショー〟〝デンカショー デンカショー〟

〝デンカショー デンカショー〟〝デンカショー デンカショー〟

★両手で草むらをそっとのぞくしぐさをしながら。

「おや！ 何の声だろう…」

と、おじいさんは声のする方をそっとのぞいてみました。

すると、小さなやせねずみと大きなふとねずみが相撲を取っています。小さなやせねずみは、大きなふとねずみにポンポンと投げられています。よく見ると、大きなふとねずみは庄屋さんの家のねずみ、小さなやせねずみはおじいさんの家のねずみです。

★お話変わっての間。

おじいさんは家に帰ると、おばあさんに山で見たことを話しました。

「そうですか。うちは貧乏で食べるものもないから、ねずみもやせていて力が出ないんですね。かわいそうに…」

「そうだな…」
　★思いついたように。
「おじいさん、いいことがありますよ！ ほら、お正月用のもち米が少し…」
「それはいい。それでうちのやせねずみに、おもちをついてあげよう！」
その夜、二人はペッタンペッタンとおもちをついて、ねずみの穴の前に、おもちを置いてあげました。
　★時間の経過を表す間。
次の日、おじいさんが楽しみに山に出かけてみると、
　〝デンカショー　デンカショー〟〝デンカショー　デンカショー〟
　〝デンカショー　デンカショー〟〝デンカショー　デンカショー〟
と、力強い声が聞こえてきました。
今日はおじいさんの家のやせねずみは、なかなか負けません。それどころか、ときどきふとねずみに勝っています。
ふとねずみは、やせねずみにどうして急に強くなったのか聞きました。やせねずみは、貧乏でお金のないおじいさんとおばあさんが、お正月用のもち米でおもちをついてくれたことを話しました。
「いいな、ぼくもそのおじいさんとおばあさんのついてくれた、おもちが食べたいなー。今日一緒に行ってもいいかい？」と、ふとねずみは言いました。やせねずみは、困った様子でした。
　★お話変わっての間。
家に帰ったおじいさんは、山であったことをおばあさんに話しました。
「おじいさん、もう少しもち米が残っていますから、ついてあげましょう。お正月の神様には、今年はおもちなしで我慢してもらいましょう」
そう言って、残りのもち米でねずみたちにおもちをつきました。
それから、おばあさんは、残っていた赤い布切れで、2匹にふんどしも作ってあげました。

★時間の経過を表す間。

夜になって、やせねずみが帰ってきました。庄屋さんの家のふとねずみも一緒です。

ねずみたちは、穴の前のおもちと赤いふんどしを見つけて大喜び。

「うまい!」「うまい!」とおもちを食べると、赤いふんどしをつけて、相撲を取りはじめました。

〝デンカショー デンカショー〟〝デンカショー デンカショー〟

〝デンカショー デンカショー〟〝デンカショー デンカショー〟

★時間の経過を表す長い間。

次の日の朝、おじいさんとおばあさんは目を覚ましてびっくり。枕元にお金がたくさん入った袋が置いてありましたとさ。

おしまい

# さるとかに
### 日本の昔話❺

おなじみのお話ですが、登場人物が多いので声の変化を少し意識しましょう。声の高い低いや、細い太いなどで違いを表現することができます。

---

むかし、あるところにさるとかにがいました。さるは道で小さなかきの種を拾いました。かには大きなおむすびを拾ってやってきました。さるは、かにが持っている大きなおむすびがほしくてしかたがありません。
「かにさん、おいらの持っているこのかきの種と、そのおむすびを交換しないかい？ このかきの種は土に植えれば、芽を出して、木になって、かきが毎年たくさんなるよ」
「そうですか、どうせ拾ったおむすび。子どもがたくさんいますから、かきの実がたくさんなるならいいですよ」
と、かにはおむすびとかきの種を取り替えました。
　★時間の経過を表すちょっとの間。
さるは『うまくだませたぞ』と、おむすびをぺろりと食べました。かには、家に着くとかきの種を土に植えました。そして、水やりをしながら
　★水やりをする動作をしながら、歌を2〜3回くり返す。
『♪はやくめをだせ かきのたね ださぬとはさみでちょんぎるぞ〜』
　と歌うと、不思議なことに、かきの種は土から芽を出して、木になって、あっというまにおいしそうなかきの実をつけました。
かにのお母さんは大喜び。すぐにかきの実を取ろうとしましたが、お母さんが木に登ろうとすると、ストン！ もう一度登ろうとしてもまた、スト

ン！ 何度やっても登れません。子がにたちは、がっかり…。
その様子を、あのずるいさるが、そっと見ていました。
『すごいなー。あんなにたくさんかきの実がなったぞ。よーし、独り占めしてしまえ！』
「かにさん、ほら、おいらの言ったとおり。たくさんなったでしょう。おいらが取ってあげるよ！」
そう言うと、スルスルと木に登って、かきの実を取って、ムシャムシャと食べはじめました。

★少し強い声で。

「さるさん、そのかきの実は、私たちのものですよ。自分ばかり食べていないで、私たちにもくださいな！」
かにのお母さんが言うと、木の上のさるは
「うるさいな。これでもくらえ！」と、あおくてかたいかきの実を、お母さんに向けて、「えーい！」「えーい！」と投げました。

★情景を想像させる、少し長い間。

かにのお母さんは、けがをして寝込んでしまいました。
子がにたちは、「お母さんにけがをさせたさるは許せない！ みんなでさるをやっつけに行こう！」と、さるの家に向かいました。

★時間の経過を表すちょっとの間。

子がにたちがさるの家に向かっていくと、途中で会った、くり、はち、うす、うしのうんちたちが
「そんな意地悪なさるは、絶対にゆるせない！ エィ、エィ、オー！」
と、手伝ってくれることになりました。

★お話変わっての間。

さるの家につくと、さるは留守でした。
「よし、今のうちに隠れよう！」と、うすの声で、みんなが隠れました。

★時間の経過を表すちょっとの間。
しばらくすると、さるが帰ってきました。
「あ〜、寒い寒い！」と、さるが囲炉裏の火にあたろうとすると、
「いまだ。パチーン！」とくりが囲炉裏の中からはねました。
「あっちっちー」とさるが水桶に行くと、
「よくもお母さんにケガをさせたな！」ジョキジョキジョキ…と、子がにたちがハサミで攻撃しました。
「わー、いたいいたい！」と逃げようとすると、はちたちが、さるの体中をチクリチクリと刺しました。
「あいたたたー！」と、外に逃げようとすると、今度はうしのうんちにツルリと滑ってドタン！と倒れました。そこへ、天井に隠れていたうすがドシーン！と落ちて、さるは気絶してしまいました。
　　　★情景を想像させる、少し長い間。
さるはかにに謝って、もう悪さをしなくなったということですよ。

　　　　　　　　　　　　　　　　　　　おしまい

# ライオンとねずみ

世界の昔話❶──イソップ寓話

体の大きさや力のあるなしなどで、価値は決まらないという教訓話です。互いに個性があり、助け合いや協力が大切であることを伝えましょう。

✖○＋●＋○✖○＋●＋○✖○＋●＋○✖○＋●＋○✖

ある大きな木の下で、大きなライオンが昼寝をしていました。
そこを小さなねずみが通りかかりました。
ライオンだとは気がつかなかったねずみは、

　★ねずみのかわいらしい声で。

「わぁー、これは大きくて楽しそうなすべり台があるぞ。滑って遊ぼう！」
と、ねずみはライオンの背中やお尻を登って、ヒュー、ヒューと何回も滑って遊んでいました。

　★時間の経過を表すちょっとの間。

ライオンは、背中やお尻がムズムズしてきたので、目を覚ましました。

　★ライオンの太くて大きな声で。

「おい、誰だ！　せっかく気持ちよく昼寝をしているのに、俺さまの背中やお尻で遊んでいるのは！」
ライオンが太くて大きな声で言いました。
びっくりしたねずみは、

　★おどおどしたねずみの声で。

「は、はい、ね、ねずみです。すみません。ライオンさんがお昼寝しているとは知らないで、背中やお尻をすべり台にしてしまいました。どうか許してください。そのかわり今度、ライオンさんに困ったことがあったら、

私が必ずライオンさんをお助けしますから、どうか助けてください！ お願いです！ お願いです！」
と、何度も頼みました。
　　★時間の経過を表すちょっとの間。
あまり、ねずみが一生懸命頼むので、ライオンは、
「よし、許してやろう。動物のなかで一番強い、このライオンさまが、小さなねずみに助けてもらうことなんて、この先もないと思うが…。よし、早くどこかへ行け！」
と、ねずみを助けてやりました。
　　★お話変わっての間。
何日か過ぎたある日のことです。
ねずみがまた大きな木の下を通りかかると、木の上の方で、ガサゴソ、ガサゴソと何かの音がしました。
　　★ねずみが上を見上げる動作をしながら。
ねずみが木を見上げると、そこには人間の罠にかかって、網につり下がったライオンの姿がありました。
　　★ねずみが驚いた様子で。
「あっ、大変だ！ ライオンさんが罠にかかってしまった。人間につかまってしまう！」
ねずみは大急ぎで木に登り、ライオンがかかった罠の網を、ガリガリ、ガリガリ、ガリガリ…と、歯で噛みました。
その歯のすごいこと、すごいこと。罠の太い網がプツン、プツン、プツン……と切れて、
ひゅー、どさっ！
と、ライオンは無事に地面へ着地して、助かりました！
　　★時間の経過を表す間。

ライオンはねずみにお礼を言いました。

　★恥ずかしそうに。

「ねずみさん、この前は、いばって悪かったね。ごめんなさい。ねずみさんに助けてもらわなかったら、人間につかまるところだったよ」

ねずみはライオンに

「いいえ、困ったときは、いつでもお互いに助け合いましょう。よかったですね」

と、言ったそうですよ。

　　　　　　　　　　　　　　　　　　　　　　　　　　おしまい

# いばりんぼの魚
### 世界の昔話 ❷ ── セネガルの民話

　小さな池、大きな池。小さな魚、大きな魚、もっと大きな魚、もっともっと大きな魚をしっかり意識して、分かりやすく子どもたちに語りましょう。

✖︎○＋●＋○✖︎○＋●＋○✖︎○＋●＋○✖︎○＋●＋○✖︎

あるところに、小さな池がありました。そこには小さな魚が、たくさん住んでいました。
　★人さし指で1を示して。
その中に1匹だけ大きな魚がいました。
　★声の調子を変えて。
大きな魚は『自分がこの池の中で一番強くて、怖いものなんてない』と思っていました。
だから、小さな魚たちに会うと
　★乱暴な口調で。
「おい、じゃまだからあっちへ行け！　俺さまはこれから昼寝をするから、こっちへ来るな！　来たらただじゃおかないぞ」とか、「こっちの餌は全部俺さまの餌だぞ」と、いばってばかりいました。
　★時間の経過を表す間。
ある日のこと、この池に住む勇気のある1匹の小さな魚が、大きな魚に言いました。
　★意を決した、しっかりした口調で。
「大きな魚さん。大きな魚さんはこんな小さな池に住んでいるから、私たちみたいな小さな魚がじゃまになってしまうのではないですか。もっ

と大きな池に住んだら、静かにゆったり暮らせますよ」
　★話をイメージさせるちょっとの間。
大きな魚はいつもなら「うるさい、あっちへ行け！」と怒鳴るところですが、何となく気になってしまいました。
　★時間の経過を表す間。
あるとき、大雨が降って池の水が増えて川ができたので、大きな魚は大きな池に行ってみることにしました。
　★時間の経過を表す間。
大きな池に着くと大きな魚はびっくり。今まで住んでいた小さな池とは大違い。ゆったり泳げます。
『よかった！　これからはゆっくりとこの池で暮らせるぞ…』
と思った、そのときです。後ろから、
　★少し低い口調で威張ったように。
「おい、そこの小さいの。じゃまだ！　俺さまが食ってやる！」
　★両手で大きな魚の長さを示して、
　もっと大きな魚の長さも示す。
という声がしたかと思うと、大きな魚よりもっと大きな魚に、しっぽの方から、「ガブリ！」とかみつかれてしまいました。
　★時間の経過を表すちょっとの間。
『もうだめだ！』と思ったそのときです。
　★両手でもっともっと大きな魚の長さを示す。
もっと大きな魚より、もっともっと大きな魚が、その後ろからもっと大きな魚のしっぽを「ガブリ！」とかみついたのです。
もっと大きな魚は「わー、痛い！」と大声を出しました。
その拍子に大きな魚は、もっと大きな魚の口から、逃げることができました。

★お話変わってのちょっとの間。

大きな魚は『もうこりごり！』と、また雨が降った後に、前に住んでいた小さな池に戻ってきました。
そして、小さな魚たちに
「小さくてもこの池が、一番安心して暮らせます。今までいばってばかりでごめんなさい。これからは、みんなと仲良く暮らさせてください」
そう言ってみんなに謝りましたとさ。

おしまい

# ころころパンケーキ

世界の昔話❸──ノルウェーの民話

軽快なテンポで語りましょう。少し調子に乗り過ぎたパンケーキの最後は、意外な展開に。最後は、展開がイメージできるようにゆっくり語りましょう。

✖◯＋●＋◯✖◯＋●＋◯✖◯＋●＋◯✖◯＋●＋◯✖

お母さんが台所から「みんなー、お待ちどうさま。まんまるふっくらパンケーキが焼けたわよー！」と家族を呼びました。
ところが、フライパンの上のパンケーキは
「食べられちゃうなんてやなこった！」
ころころころころーと、台所から外に逃げ出しました。
お母さんは「まてまてー、私の作ったパンケーキ！」と追いかけます。
それに気がついたお父さんも、子どもたちも
「まてまてー、私の奥さんの作った愛情たっぷりパンケーキ！」
「まてまてー、ぼくたちのお母さんの作ったおいしいパンケーキ！」
と追いかけます。
でもパンケーキは「食べられちゃうなんてやなこった！」
ころころころころーと、逃げてしまいました。
親子はがっかりしながら家に帰りました。

★時間の経過を表す少しの間。

それを遠くで見ていたニワトリがそっとパンケーキのそばにやってきて、
「やあ、パンケーキさん、一緒に遊ばないかい？」と言いました。
パンケーキは「ニワトリさんもぼくをつかまえて食べようとしているんでしょう。食べられるなんてやなこった！」

ころころころころーと、また逃げました。

★時間の経過を表す少しの間。

次に会ったのはアヒルです。

アヒルも「パンケーキさん、いいお天気ですね。日陰で少し休みませんか?」と言いました。

でもパンケーキは「アヒルさんもぼくをつかまえて食べようとしているんでしょう。食べられるなんてやなこった!」

ころころころころーと、逃げました。

★時間の経過を表す少しの間。

その次に会ったのはダチョウです。

ダチョウも「パンケーキさん、ころころころころ転がって目が回るでしょう。少し休んだらどう?」と言いました。

でもパンケーキは「ダチョウさんもぼくをつかまえて食べようとしているんでしょう。食べられるなんてやなこった!」

ころころころころーと、逃げてしまいました。

★時間の経過を表す少し長い間。

でも、さすがのパンケーキも少し疲れました。

それに、目の前には川が流れています。パンケーキは水が大の苦手。水に入ると体が溶けてしまうからです。どうしようかと考えていると、

★ブタの声。調子を変えて。

「川か…、気をつけて渡ろう!」と、後ろから声がしました。

パンケーキがびっくりして、後ろを振り向くと、ブタが立っていました。

「おや、パンケーキくん。こんなところで何をしているんだい?」

ブタが聞きました。

パンケーキはみんなに追いかけられてここまで逃げて来たこと、水が苦手で、川に入ったら体が溶けてしまうので困っていることをブタに話

しました。

　★やさしい声で、鼻の上を手で示しながら。

「それなら、ぼくが鼻の上に乗せて運んであげるよ。鼻の上なら僕が川に入ってもパンケーキくんはぬれないし安全だよ」

そう話すとしゃがんでくれました。

「えっ、ブタさんいいの？　うれしいなー」

パンケーキはブタの鼻に乗せてもらいました。

　★場面を想像させる間を取りながら。

ブタは、パンケーキを鼻に乗せてゆっくり立ち上がると、鼻をプーンと上にあげました。パンケーキは上に飛ばされて、ブタが開けた大きな口の中に、スポンと落ちました。

　★ゆっくり語る。

ブタはムシャムシャゴックン。

「あー、おいしかった！」と、パンケーキを食べてしまったんだって。

　　　　　　　　　　　　　　　　　　　　　　　　　おしまい

# 3びきのくま

## 世界の昔話❹──イギリスの民話

お話の情景を丁寧にえがくつもりで語りましょう。子どもたちもくり返しの楽しさや、意外な展開を楽しんでくれることでしょう。

✖○✚●✚○✖○✚●✚○✖○✚●✚○✖○✚●✚○✖

森の中に、一軒のおうちがありました。そこには、大きなお父さんぐま、中くらいのお母さんぐま、小さな子ぐまの3匹が暮らしていました。
　★お話変わっての少しの間。
ある日の朝、お母さんぐまがシチューを作って、みんなを呼びました。大きなお皿はお父さんぐま。中くらいのお皿はお母さんぐま。小さなお皿は子ぐま。スプーンもお父さんぐまは大きなスプーン、お母さんぐまは中くらいのスプーン、小さな子ぐまは小さなスプーンです。
3匹はシチューを食べようとしましたが、まだ熱くて食べることができません。シチューが冷めるまで、森に散歩に出かけて行きました。
　★時間の経過を表す間。
しばらくすると、このおうちにかわいい女の子がやってきました。
玄関で「ごめんください。誰かいますか?」と、呼んでも返事がありません。鍵もかかっていなかったので、「少し休ませてもらいましょう」と、家の中に入ってみました。
女の子は、おいしそうなシチューのにおいがする部屋までやってきました。部屋には誰もいません。
女の子はお腹がすいていたので、大きないすに登って、大きなスプーンで大きなお皿のシチューを食べようとしました。

「だめだわ、いすもお皿もスプーンも大きすぎるし、シチューは熱くて食べられない」と、次の中くらいのいすに登りました。中くらいのスプーンで中くらいなお皿のシチューをそっとひと口食べようとしました。

「だめだわ、いすもお皿もスプーンもまだ大きすぎるし、シチューもまだ熱くて食べられない」と、今度は小さないすのところへやってきました。するとどうでしょう。小さないすは女の子にぴったり。お皿もスプーンもちょうどいいし、シチューもおいしくいただけました。女の子はお腹がいっぱいになると、なんだか眠くなってしまいました。

部屋の隅には階段があって、2階に登ってみるとベッドが見えました。女の子は入り口近くの大きなベッドに腰を下ろすと、

「このベッドは私には大きくて、硬すぎるわ」と、次のベッドに向かいました。真ん中にある中くらいのベッドです。

「このベッドもまだ大きくて、枕も硬いわ」

そう言うと、一番奥の小さなベッドに行ってみました。

「まあ、このベッドはベッドも枕も私にピッタリ！ ここで休ませてもらいましょう」と、横になってすぐにスースーと寝てしまいました。

★時間の経過を表す少し長い間。

しばらくすると3匹のくまが散歩から帰ってきました。

「お散歩楽しかったね」とお父さんぐま。

「そうですね。楽しかったですね」とお母さんぐま。

「うん！ 楽しかったけど、もうお腹ペコペコ…」と子ぐま。

★3匹それぞれ、不思議そうに。

部屋に入ると「あれ、誰かわしのスプーンに触ったぞ。曲がっている！」とお父さんぐま。

「まあ、私のスプーンなんて、シチューの中に入っていますよ！」とお母さんぐま。

「見て、ぼくのシチュー。誰かにみんな食べられちゃってるよ。空っぽだもん！」と子ぐま。

3匹のくまは、2階へ行く階段を登ってみました。

★3匹それぞれ、びっくりした様子で。

「あれ、誰かわしのベッドに腰かけたぞ。すこしへこんでいる！」とお父さんぐま。

「まあ、私のベッドも誰か来ましたよ。枕が曲がっています」とお母さんぐま。

「わあ！ 女の子がぼくのベッドで寝ているよ！」と子ぐまが大きな声を出しました。

女の子はその声で目が覚めました。

「まあ、くまさんたちのおうちだったの。ごめんなさい！」と言うと、ベッドからガバッ！と起きて、トントントントンと階段を降りると、1階の部屋を通り抜けて、玄関の戸をバタン！と閉めて、タッタッタッタッと外にかけ出して、森の中に消えていきましたとさ。

おしまい

Part 9 素話

# 赤ずきん
### 世界の昔話❺──グリム童話

よく知っているお話なのに、何度聞いてもワクワクドキドキする作品です。子どもたちの期待を意識しながら、語ってください。

昔あるところに、女の子とお母さんが暮らしていました。
女の子はいつも赤いずきんをかぶっていたので、「赤ずきんちゃん」と呼ばれていました。

★声の調子を変えて。

ある日のこと、お母さんが言いました。
「赤ずきんちゃん、おばあさんがご病気で寝ていらっしゃるから、このぶどう酒とお菓子を届けてちょうだい」
「はーい！」
「でも、森には怖いオオカミがいるから、気をつけて。けっして相手をしてはいけませんよ」そう言われて出かけました。

★時間の経過を表すちょっとの間。

森のオオカミは、女の子がやって来るのを見つけて『おっ、うまそうな女の子が来るぞ。しめしめ…』と、待ちかまえていました。
赤ずきんちゃんが近くまで来ると、「やあ！ お嬢ちゃんこんにちは。どこへお出かけだい？」と思いきりやさしそうな声で言いました。
赤ずきんちゃんはお母さんとの約束をすっかり忘れて、
「オオカミさんこんにちは。これからご病気で寝ている、森の向こうのおばあさんのおうちに、ぶどう酒とお菓子のお見舞いを届けに行く

の！」と言いました。
　　　★オオカミの心情を手もみで表現しながら。
『何だって…。女の子だけじゃなくて、森の向こうのおばあさん。それに、ぶどう酒とお菓子…』
オオカミは、とてもいいことを思いつきました。
　　　★ねこなで声で、お花の咲いている方を適当に指さして。
「お嬢ちゃん、それは大変だね。どうだい、あっちにきれいなお花がたくさん咲いているから、それを摘んでお部屋に飾ってあげたら、おばあさん、きっと喜んでくれると思うよ…」と言いました。
赤ずきんちゃんは「オオカミさん、それはステキ！　どうもありがとう」と、お花を摘みに行きました。
　　　★お話変わっての間。
その隙に、オオカミは赤ずきんちゃんのおばあさんの家に先回りして、
　　　★両手で〝ペロリ〟と、飲み込む動作をしながら。
おばあさんを頭から〝ペロリ！〟と飲み込んでしまいました。そしておばあさんに化けて、ベッドの中で赤ずきんちゃんが来るのを待ちました。
　　　★時間の経過を表す間。
やがて、赤ずきんちゃんがやってきて、ドアを〝トントントン〟と叩いて「おばあさん、赤ずきんよ。お母さんに頼まれてお見舞いに来たの」と言いました。
おばあさんに化けているオオカミは思いっきりやさしい声で、
「まあ、赤ずきんかい。ドアは開いているからお入り」と言いました。
「まあ、おばあさん、声もガラガラ。お母さんからぶどう酒とお菓子のお見舞い。私はお花を摘んできたの…」と赤ずきんちゃんはベッドのそばに来ました。
「あら！　おばあさん、今日はどうしてそんなに大きなおめめなの？」と

聞きました。
「それは、お前がよーく見えるようにさ」
「ふ〜ん。それから、お耳はどうしてそんなに大きいの?」
「それは、お前の声がよーく聞こえるようにさ」
「へ〜。それから、お口はどうしてそんなに大きいの?」
「それはね、お前を食べやすいようにだよ!」と、オオカミは赤ずきんちゃんも頭から〝ペロリ!〟と飲み込んでしまいました。
そして、お腹が一杯になったオオカミは眠くなり、ゴー、ゴー! と大きないびきをかいて眠ってしまいました。

　　　★時間の経過を表す長めの間。

しばらくして、おばあさんの家の近くを猟師が通りかかりました。
すると、ゴー、ゴー! ゴー、ゴー!…と大きないびきが聞こえてきます。
猟師はおばあさんのいびきにしては大きすぎるので、そっと、おばあさんの家をのぞいてみました。すると、オオカミが大きなおなかを突き出して、いびきをかきながら、おばあさんのベッドで寝ています。
猟師は大急ぎでオオカミのお腹をハサミで切って、赤ずきんちゃんとおばあさんを助けました。
オオカミはそれから、すっかり姿を見せなくなったそうですよ。

おしまい

# すきま時間に役立つ！保育のヒント④

　保育室に、お手玉が入った巾着がいくつかあったら、どうでしょう。自由な時間に手にする子も多いのではないでしょうか。

　かわいいプリント布地で作ったお手玉を巾着から取り出して、「これは、先生が作ったお手玉。見てください。ほらかわいいでしょう」と紹介します。そして、ひとつ手のひらに乗せて、「♪トントントントン……」とはじいてみてください。もし、「二つ玉」や「三つ玉」、「おさらい」などができたら、子どもたちの前で実演してみてください。「せんせい、すごい！」と、目を丸くして見てくれます。そして、「かして、かして…」と、子どもたちの間で、取り合いになること請け合いです。

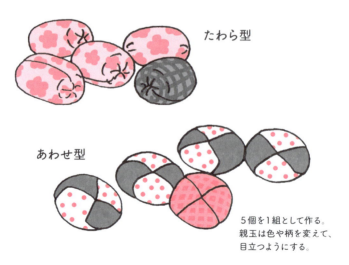

たわら型

あわせ型

5個を1組として作る。
親玉は色や柄を変えて、
目立つようにする。